J'AI PAS FINI MON RÊVE

HENRI GOUGAUD

J'AI PAS FINI MON RÊVE

ALBIN MICHEL

Pour Aurélien, évidemment

Rien d'autre aujourd'hui
Que d'aller dans le printemps
Rien de plus

Buson, traduit par Roger Munier

1

À ce que l'on m'a dit, je suis né après terme. Il m'en est resté quelque chose : je déteste me lever tôt. Lieu de l'événement ? Une poste rurale dont mon grand-père maternel était le facteur-receveur. Je me souviens non pas de ce mois de juillet mais de la chambre aux meubles sombres, de son silence bienveillant et, accrochée au mur, d'une photo sépia : mes deux arrière-grands-parents encadrés de bois vernissé. Le village ? Villemoustache, comme l'on disait entre nous. Son vrai nom ? Villemoustaussou. Hésitation des fonctionnaires supposés inscrire ce mot sur un quelconque formulaire : « Ville quoi ? C'est où ? En Afrique ? » Non, à côté de Carcassonne. Quatre kilomètres, à peu près. Un village où les femmes, encore en ce temps-là, allaient en jupe longue, coiffées du fichu noir noué sous le menton et les hommes en gros souliers lents, pantalon lourd, veste rugueuse, les reins au chaud dans leur flanelle, la ceinture des travailleurs. Ma vie commence là, mon fils, parmi ces gens. Et me voici à te parler, aujourd'hui, chez nous, à Paris, dans ce monde inimaginable pour le bout d'enfant que je fus, pour ces êtres toujours vivants dans le « palais de ma mémoire ». Je leur parle parfois. Je leur dis : « Regardez. » Et je m'amuse de les voir ébahis comme des sauvages devant un poste de télé, un ordinateur, un portable, un boulevard embouteillé, et j'entends mon grand-père dire : « Ça, c'est plus fort que le café. » J'ai l'impression parfois, depuis Villemoustache, d'avoir vécu mille ans. Et qu'ai-je fait de tout ce temps ? Des chagrins, des bonheurs, des sottises, des riens, comme tout un chacun. Mais l'ignorant inquiet que j'ai toujours été a sans cesse tenté d'explorer ce mystère qui nous fait vivants ici-bas. J'aurais aimé pouvoir te dire : « J'ai découvert le grand secret », et te l'offrir en héritage. Je l'ai cherché, sans doute mal, et non, je ne l'ai pas trouvé. Étais-je quelque part vivant avant de m'habiller de chair dans le corps d'une jeune femme ? Ai-je vraiment choisi ce père et cette mère ? Étais-je déjà à l'affût dans le secret de leur étreinte, prêt à m'embarquer pour la vie ? Pourquoi suis-je là, dans ce monde ? Par hasard ? Je n'en sais pas plus qu'à l'instant où j'ai vu le jour. J'ai posé la question mille fois au ciel vide, aux dunes du désert, à quelques vieillards de rencontre au regard d'enfants éternels. Nul ne m'a jamais répondu mais j'ai parfois senti venir à moi, je ne sais d'où, une sorte de brise amoureuse et paisible. C'est ce presque rien-là qui me dit : « Parle-lui », ce presque rien sans voix qu'il ne faut pas nommer, le bruit des mots l'abîmerait. Je vais te raconter une histoire. La mienne. Mais n'oublie pas, c'est une histoire, ni mensonge ni vérité, ni témoignage ni leçon. Les paroles d'une chanson.

2

Premier souvenir : Marseillette, où ma mère est institutrice. Je dois avoir quatre ans. Un fleuve lourd et lent de soldats en déroute, le godillot traînard, le fusil à l'épaule et la musette au flanc, traverse le village. Les gens les regardent passer. Certains remplissent leur bidon à la fontaine, sur la place, avant de retourner au long troupeau terreux. Ma mère est là, muette. Elle me tient par la main. Il ne peut donc rien m'arriver. Je n'ai jamais vu tant de monde. J'en suis secrètement béat. Il fait un temps de printemps doux. Des enfants courent. Ils sont les seuls. On les retient de se mêler à ces passants interminables. Tout se défait enfin. Les gens rentrent chez eux.

Nous habitons l'école, derrière la mairie. En bas sont la salle de classe et la cour de récréation. Là, au sommet d'un mât, un drapeau tricolore semble attendre le vent. Une vieille charrette occupe le préau. À l'étage est l'appartement de madame l'institutrice, personne respectée de tous, en ce temps-là, à la campagne. Je la surprends un soir, dans la cuisine, assise. Elle pleure, le regard perdu. Voilà qui me paraît beaucoup plus inquiétant qu'une armée de soldats défaits. Je lui grimpe sur les genoux. Elle tente un sourire vaillant, elle essuie ses joues, à la hâte. Elle dit :

– Ce n'est rien, va jouer.

Je ne l'ai jamais vue ainsi. Je reste par terre, à ses pieds. Elle me caresse les cheveux. Tel que je me connais, j'imagine sans doute au moins la fin du monde. Elle ne me dit rien. Elle se calme. La vie reprend, cahin-caha. Je surveille ses moindres gestes, je sens du fragile dans l'air. De fait, elle ne sait pas où se trouve mon père. Elle n'en a aucune nouvelle. Pas le moindre courrier, ni lettre, ni quoi d'autre ? Le téléphone ? À la maison ? Un rêve si lointain, si flou que l'on n'y pense même pas. Pour l'instant on ne peut qu'attendre à la fenêtre, guetter le retour de l'absent. Il revient enfin. Il va bien. Il était en vacances sur la Côte d'Azur. En vérité son régiment attendait, du côté de Nice, les soldats de Mussolini. La bataille n'a pas eu lieu. Les Italiens n'ont pas bougé. Mon père a traversé la guerre sans le moindre coup de fusil. Je ne me souviens pas de son retour chez nous. Peut-être ce jour-là suis-je ailleurs, chez mes grands-parents, ou encore errant dans un songe vécu quelques semaines avant, et demeuré ineffaçable.

J'ai cinq ans. Fin d'après-midi. Je me revois sous le préau de la petite cour rustique avec Jean Taillefer, mon copain d'à côté. Nous jouons au laitier, assis dans la poussière, sérieux comme sont les enfants quand ils s'appliquent à imiter les gestes des grandes personnes. La charrette est là, oubliée, bancale. Entre ses roues, une bouteille, couchée, terreuse, à demi pleine d'un liquide blanc. Notre lait. J'en bois une rasade et je me vois encore, le goulot serré dans le poing, le poison débordant des lèvres. C'est un de ces mélanges à base d'arsenic que l'on sulfatait sur les vignes pour les garder des pucerons. J'ai aussitôt le ventre en feu. Je monte, en pleurant, l'escalier qui mène à notre appartement. Ma mère est là. Elle me questionne. Des heures de la nuit qui suivent ne me reste qu'un souvenir étrangement indiscutable : je suis allongé près du feu sur la table de la cuisine. La pièce est peuplée de présences qui me semblent vêtues de blanc et qui tournent autour de ma couche. Il me vient à l'esprit que ce sont des voisins accourus aux nouvelles, car manifestement je ne vaux plus très cher. Plus tard, beaucoup plus tard, j'interroge ma mère. Qui étaient donc ces gens qui s'inquiétaient de moi ? Elle me répond, catégorique, qu'aucun visiteur n'est venu. Elle est restée toute la nuit avec le docteur du village à tenter de me réchauffer, car mon corps se refroidissait, ce qu'il ne fallait surtout pas. Voilà pourquoi tous deux avaient poussé mon lit aussi près du feu que possible, et faute de médicaments le médecin m'avait soigné à la mode des vieilles femmes. Bouillies de blé, d'orge et d'avoine, un bol à chaque heure sonnée.

– Arriver au bout de la nuit, notre cap de Bonne-Espérance, c'était là notre seul souci, me dit ma mère, ce jour-là. Quant aux visites des voisins (comment dis-tu ? Vêtus de blanc ?) tu les as forcément rêvées. Ils n'ont su que le lendemain.

Là commence le difficile. Ces présences autour de mon lit me sont demeurées plus vivantes que presque tous les souvenirs qui peuplent encore ma mémoire. Je devrais me taire, peut-être. Je crains les ricaneurs autant que les croyants. Je détesterais qu'ils abîment, par foi béate ou rire sec, ce qu'à toi seul, mon fils, je ne crains pas de dire. Voici. Plus tard, à l'âge mûr, j'ai voulu tenter de savoir ce que cette nuit-là il s'est vraiment passé. J'y suis retourné, sous hypnose, et de ce voyage immobile j'ai ramené ce souvenir.

Je suis dans un temple aérien, circulaire, entre terre et ciel, à la verticale précise de la cuisine, à Marseillette, de mon corps, du lit près du feu. Je me vois, dans ce temple, couché sur un autel. Il me semble de pierre blanche. Lumière douce et pourtant vive tombée d'une haute coupole majestueuse, transparente. Le lieu n'est pas intimidant. Il a tout pour l'être pourtant, mais non, ce qui m'entoure est beau, paisible. Autour de moi tournent des hommes. Ils sont vêtus de blanc, coiffés de toques brunes. Ils psalmodient, ils prient peut-être. Leur voix lente n'est qu'un murmure. Ils accomplissent un rite, une cérémonie. Ils m'accueillent chez eux, dans leur communauté, du moins c'est ce que je suppose. L'un d'eux me reste inoublié. À coup sûr, n'importe où, je le reconnaîtrais. C'est un vieillard un peu voûté, au visage maigre, au nez fort. Son regard me semble amusé. Il est, en tout cas, bienveillant. Que me fait-il ? Je ne sais pas. Je ne suis pas sûr des images. Il approche, me semble-t-il, un objet (un sceau ?) de ma nuque. Ce qui suit est trop indécis pour mériter d'être noté.

Il va de soi qu'après ce jour j'ai retrouvé ma vie où je l'avais laissée. Je crois n'avoir en rien changé, sauf sur un point. Selon mes proches, j'étais un enfant pleurnichard. Avant la « nuit de l'arsenic », je pleurais sans cesse. Pour rien. J'étais le morveux familial dont on se moquait, paraît-il. Après ce jour, plus rien. Source des larmes à sec. Par ailleurs (faut-il préciser ?) je ne me suis jamais senti d'une communauté quelconque. J'ai tenté d'explorer la vie sans jamais me coiffer d'un temple, fût-il peuplé de bonnes gens.

1942. Je découvre les Allemands dans l'omnibus bringuebalant qui nous ramène à la maison. Nous revenons de Carcassonne. Ils sont trois, debout, près de nous, en uniformes d'officiers. Ils rient et parlent, en langue étrange. Le plus petit, dans sa main droite, tient un rouleau de papier brun. Il en tapote sa main gauche. Ma mère se penche vers moi, me les désigne d'un coup d'œil. Elle me dit à voix basse :

– Regarde bien ces gens. Si l'un d'eux te propose un

bonbon, un gâteau, tu lui tournes le dos et tu pars en courant.

L'ordre est strict, non négociable : n'accepte rien de l'ennemi. D'autant que traîne la rumeur que ces monstres venus du Nord sont des empoisonneurs d'enfants. Vieux cauchemars des temps de guerre peuplés d'ogres pervers et de petits poucets. Chacun se raconte l'horreur à l'image de ses forêts, de ses lieux hantés, de ses nuits. Sous les platanes des villages on ne peut encore, en ces temps, imaginer les chambres à gaz.

On ne dit pas « les Allemands », mais « les boches », ou « les vert-de-gris ». Ils investissent Marseillette discrètement, en pleine nuit. Au matin, dans la cour, à l'heure de l'école, plus de drapeau français à la cime du mât, mais un autre, frappé d'une croix gammée noire. On n'a rien vu, rien entendu. Au soir, chez nous, des hommes viennent, on entre, on sort, on parle bas. On nous envoie au lit, mon frère et moi, trop tôt. Le lendemain, le mât est nu. Qui l'a déshabillé ? Mystère. Plus tard, ma mère :

– Nous, bien sûr. Les boches n'ont rien dit, rien fait, ils l'ont laissé comme il était.

Mon père, revenu de sa drôle de guerre, se retrouve gratte-papier à la gare de Carcassonne. Il rentre tous les soirs au village, en vélo. Son métier a ses avantages. Les cheminots sont dispensés du malfamé STO, en clair : service de travail obligatoire en Allemagne. De plus, ils voyagent gratis. Pourquoi cet instant m'est resté plutôt que tant d'autres, effacés ? Je le revois dans la cuisine, se défaisant d'un sac à dos. Il revient de deux jours d'absence. Ma mère dit :

– Alors ?

Et lui, la mine sombre :

– Ils ne sont pas venus.

Le silence qui suit est long, il pèse lourd, puis mes parents parlent, à mots brefs. J'entends passer un nom : Créange. Les Créange. J'ignore, bien sûr, qu'ils sont juifs. Je ne sais même pas ce que ce mot veut dire. Mon père devait leur remettre de faux papiers d'identité. Ils ne sont pas venus. C'est grave, mais pourquoi ? Ils n'ont pas pu franchir la frontière intérieure, la ligne de démarcation. Je ne sais pas, en ce temps-là, qu'à peu près toute ma famille est entrée dans la Résistance. Je n'aime pas les majuscules mais elle va bien à ce mot-là.

Septembre 42. Nous quittons Marseillette. Ma mère poursuit son chemin d'institutrice à Carcassonne. Nous emménageons à la Reille, dernier quartier avant les champs, au 16 rue Jean-Richepin (sous le nom est inscrit : « poète »). Entre la rue et la maison, le potager tranché en deux par l'allée qui mène au perron. Un auvent, trois ou quatre marches, la porte ornée de fer forgé. L'entrée. Un long couloir. À gauche, la cuisine. Elle est vaste, chaude, odorante. Là est la cuisinière où rougeoie le charbon. C'est le nid, le lieu où l'on vit, où l'on fait ses devoirs auprès de la fenêtre, où l'on écoute Radio Londres, presque inaudible, chaque soir. Je nous revois, tous à l'affût, pelotonnés autour du poste, un gros meuble verni qui siffle, qui crachote avant que nous vienne la voix brouillée, lointaine, mais qu'importe, du « Français qui parle aux Français ». Elle lance par-dessus la nuit des informations mystérieuses destinées aux gens des maquis. Elle dit : « Messages personnels », et suivent des phrases incongrues qui ressemblent à des devinettes, mais le ton est grave, insistant. « La grêle tombera à minuit quarante-cinq », « Arthur ne viendra pas ce soir ». Drôles d'énigmes, fascinantes, je me les redis, j'en invente, les yeux fermés, au chaud du lit.

À droite de l'entrée, deux chambres, mon frère et moi dans la première, dans la deuxième les parents. Elles ne sont pas chauffées, seule l'est la cuisine. On s'y déshabille à la hâte, le nez froid, le souffle embué, on se fourre sous l'édredon en grelottant de petits rires. Plus loin, à gauche, presque au fond, la pièce où l'on ne va jamais : la salle à manger, endormie dans une constante pénombre. C'est là que se tenaient les fêtes de famille « avant-guerre », comme l'on dit. Je n'ai pas connu ce temps-là. Je n'en ai donc aucun regret. Mais mes grands souvenirs, si modestes soient-ils, n'en sont pas moins émerveillants. Noël 42, par exemple. Dehors, grisaille, petit jour. Devant la cheminée sans feu, une orange entre mes souliers. Elle embellit tout alentour, même mes yeux, même le monde. Bref, j'en finis avec la visite guidée de notre maison de la Reille. Au bout du couloir, droit devant, est le cabinet de toilette. Des latrines à la turque, un lavabo d'eau froide et un grand baquet de fer-blanc que l'on peut remplir d'eau chauffée à la cuisine, ce que l'on fait le samedi, pour se laver de haut en bas. La semaine, on se mouille à peine, la frimousse, le cou et c'est à peu près tout. Ma mère inspecte les oreilles avant le départ pour l'école, les mains, dessus, dessous, un baiser sur le front et :

– Faites attention en traversant les rues !

Je me revois un jour, à l'heure du goûter. Ma grand-mère Aurélie nous grille des tartines. Son frère, l'oncle Élie, est là. Il plaisante comme un farceur content du joli tour d'arsouille qu'il vient à l'instant de jouer. Il pose sur la table une grosse valise. Il dit à ma mère :

– Ouvre-la.

Elle hésite à peine, obéit, découvre des paquets de tracts qui appellent à la Résistance et que les gens de son réseau lanceront, quelque jour prochain, partout en ville, au vent des rues.

– Devine où ils étaient cachés, dit-il, fiérot.

Ses yeux pétillent. Ma grand-mère le gronde, elle proteste, craintive :

– Taisez vous, tous les deux, je ne veux pas savoir. Si la Gestapo me torture, mes pauvres enfants, je dis tout !

Ma mère rit, Élie aussi. Il boucle la valise, il la désigne, il dit :

– Elle est restée une semaine à m'attendre dans un placard, chez les boches, à la préfecture. Des femmes faisaient le ménage, elles m'ont aidé à la sortir. J'ai traversé la cour, tranquille, comme si je sortais du train. Aucun ne m'a rien demandé.

– Tu exagères, dit ma mère.

Et grand-mère Aurélie :

– Ne te fatigue pas, il n'en a jamais fait qu'à sa mauvaise tête.

Visage malicieux, mains sans cesse mobiles, c'est le seul souvenir que j'ai de l'oncle Élie. Dès le début des années 20 il avait, avec mon grand-père, créé le syndicat des ouvriers chapeliers, à l'usine d'Espéraza, dans la haute vallée de l'Aude. C'était un combattant social. Il croyait aux vertus du peuple. Il en était. Et le fait est qu'il n'a cessé, sa vie durant, de se bagarrer pour les autres, les pauvres, les gens comme lui, avec qui il parlait la langue paysanne. On disait alors : le patois ; on dit aujourd'hui : l'occitan. Dès les Allemands installés, il est un des piliers locaux de la CGT clandestine. Ma mère et mon grand-père l'aident, je ne saurais dire comment, on tient les enfants à l'écart des conciliabules adultes. Mon père, lui, travaille au chaud. Dans son bureau de cheminot il fabrique pour son réseau de faux papiers d'identité.

1943. Pire année de la guerre. On n'en voit pas la fin et l'hiver est glacial. L'oncle Élie, un matin, à l'aube, est arrêté, sans doute torturé, emmené à Compiègne et de là déporté au camp de Buchenwald. On ne saura jamais quel « ami » l'a trahi. Cette même année, nouveau drame. Dans leur bureau de cheminots ils étaient deux à fabriquer de faux papiers d'identité : mon père et son ami Verdier. Et voilà qu'un matin arrive à la maison une vieille femme en peignoir. Elle court, elle agite les mains autour de ses cheveux défaits. Mon père grogne entre ses dents un « Nom de Dieu » peu catholique. Il la connaît. Moi, non. La mère de Verdier. Nous accourons à sa rencontre. Elle crie au ciel, à gros sanglots, que son fils vient d'être emmené par les gens de la Gestapo. Elle a couru chez nous sans regarder derrière. Sa bouche se tord, elle m'effraie, j'accroche la main de mon père. Ma mère, sèchement, m'ordonne de rentrer, puis se risque sur le trottoir. Elle a peur que la pauvre femme ait été suivie jusqu'à nous. Mais non, une charrette passe, tirée par un gros cheval roux. La vie va son train ordinaire. Pas d'Allemands, pas de police. Quelques voisins muets s'attardent à laisser traîner une oreille de l'autre côté de la rue.

Ma mère, dès ce jour, a suspendu un sac à la poignée de la fenêtre, au fond de la salle à manger. Je le vois encore dans l'ombre, somnolent, fatigué d'avance, mais s'il le faut prêt à partir au maquis des Hautes Corbières. Je l'encourage, je le prie de bien vouloir aider mon père. D'aussi loin que je me souvienne, j'ai toujours parlé aux objets. Je l'avoue, je le fais encore. Pour l'enfant que j'étais alors comme pour l'homme que je suis, tout est vivant, même les sacs. Celui-là est bourré d'affaires de première nécessité, de vêtements chauds, je suppose, de quoi se nourrir quelques jours. Si les gens de la Gestapo viennent cogner à notre porte, mon père pourra fuir avec, par l'arrière de la maison, à travers champs et bords de vignes. Seule question, simple, obsédante : Verdier flanchera-t-il ou non ? Peut-être oui, sous la torture. Nous le saurons dans quelques jours. Pas d'autre choix que d'espérer. Il ne parlera pas. Il sera déporté je ne sais dans quel camp, quelque part en Pologne, et il en reviendra vivant. Mais pour l'instant, il faut attendre. Temps d'angoisse. En ai-je souffert ? En vérité, je ne crois pas.

Un beau soir de printemps, mon frère Jean et moi revenons de l'école. Nous sommes d'humeur turbulente. J'ignore qui des deux a l'idée saugrenue de jouer un tour aux parents. Nous trottons en catimini le long de l'allée du jardin (il ne faut pas que l'on nous voie) et sur le seuil, à grosse voix, nous vociférons des « Achtung » et nous cognons à quatre poings la porte soudain grelottante. On tarde évidemment à venir nous ouvrir. Nous étouffons des rires bêtes. Ma mère enfin paraît. Elle reste suffoquée. Nous lui bondissons dans les bras. Je vois mon père, au loin, enjamber la fenêtre. Mes parents étaient pacifistes. Ils ne nous ont jamais battus, mais leur silence, ce soir-là, me fut un poids inattendu. J'aurais mille fois préféré un lot de gifles furibardes à leur tristesse fatiguée.

Pour nous, enfants, la guerre (on ne connaît rien d'autre) est aussi un terrain de jeux. Il est vrai que sur

Carcassonne les avions ne font que passer. Chez nous, pas le moindre fracas, pas de cadavres à ramasser parmi les décombres fumants. On ne connaît que les alertes. De temps en temps, en pleine nuit, longs hululements des sirènes, on se rhabille à la va-vite, on sort. Quelle heure est-il ? Minuit ? Fierté d'être dehors si tard. On rejoint les gens du quartier en pleine campagne lunaire. Et que font les enfants ? Ils jouent. Ils sont comme au feu d'artifice. Ils miment les ombres passantes et les projecteurs zigzagants qui balaient un instant les poussières d'étoiles. Des lumières, des grondements traversent le ciel et s'éloignent. Des bombes tombent mais si loin que nous n'en voyons que du rouge, au fin fond de l'horizon noir. Sirène, enfin, de fin d'alerte. Dommage, il faut déjà rentrer. Nous serions volontiers restés à paresser dans l'herbe sombre parmi les grillons revenus.

Certes, l'angoisse rôde, obscure, toujours proche. Je me souviens de longues nuits à guetter sous mon édredon les pas de mes parents absents. L'attente m'est si douloureuse que me vient l'envie de partir, seul au monde, en terre d'oubli. Un bruit de clé, enfin. Les voici. Je peux vivre. Ma mère vient, à pas menus, poser un baiser sur mon front. Je ne dors pas. Je fais semblant.

Un soir d'hiver, mon père tarde. À l'heure du dîner, d'habitude, il est là. Ma mère tente de jouer l'institutrice énergétique.

– Lavez-vous les mains, les enfants !

Mais je vois bien qu'elle est inquiète. Enfin le vélo, dans l'allée. La porte, une bouffée d'air froid, ils se parlent dans le couloir. J'essaie d'entendre ce qu'ils disent. Il vient à table. Il nous sourit. Il plante à son cou sa serviette, ma mère tranche le pain gris. Je crois, et c'est sans doute vrai, qu'ils ne voient rien de mes paniques, ni de mes retours à la paix. Je ne dis rien, ne montre rien. Je garde mes enfers secrets, je cache mes soulagements et je réserve ma révolte aux contraintes alimentaires qu'il me faut chaque jour subir. Nous avons un jardin, des poules, des œufs qu'il me faut gober crus. Moments entre tous éprouvants. J'en ai des hoquets de nausée. Je pleurniche, je râle, je tente de tricher, mais l'ordre est strict, infranchissable. L'œuf cru, dit-on, fait l'homme fort. Grand-mère Aurélie, intraitable :

– Tu veux devenir rachitique ? Malheureux ! Avale et tais-toi !

Le rachitisme, effroi des mères, frappe les enfants mal nourris. Il les rabougrit pour la vie. Dans les cours de récréation, innocemment impitoyables, les forts traitent de rachitiques les timorés, les maigrichons, et ce n'est presque pas méchant. Ce n'est qu'une insulte bravache, une façon de se moquer. On ne sait pas que ce mot-là dit la solitude des pauvres sans le moindre espoir de secours.

1944. Je suis à Villemoustaussou, chez mes grands-parents maternels. Mon grand-père est facteur. Il rentre de tournée. Il dit sans regarder personne :

– Tricoire a été arrêté.

Ma grand-mère suspend un instant sa vaisselle, puis sans le moindre mot se remet au travail. Je cesse un instant de jouer. Mon œil, je suppose, s'éclaire. Tricoire est mon instituteur, à l'école Victor-Hugo où chaque matin je galope. Et voilà que mon avenir se fait soudain ensoleillé. Plus de Tricoire, plus d'école, je reste à Villemoustaussou et je vais avec mon grand-père glisser des lettres sous les portes et papoter avec les gens. C'est ce que j'espère, mais non. Nous ne le savons pas encore mais la guerre est presque finie.

Les Alliés ont débarqué. Ce qu'on sait de la reconquête est confus, mais l'espoir est fou. Rien ne me reste de ces jours. Je les appelle à ma mémoire. Ne me viennent que la maison à la porte ouverte au soleil et ce souvenir anodin que rien n'a jamais effacé, pas même le sort de nos vies qui se joue ailleurs que chez nous. Je suis devant le poulailler. Ma mère, l'œil sévère, me tend l'œuf à gober. Mon grand-père arrive. Il jubile. Il range son vélo dans la buanderie. Il nous lance :

– Tricoire a été relâché.

Tricoire, mon instituteur ! Je fais la grimace, je gobe et, comble d'injuste malheur, je vais retourner à l'école, il va falloir se lever tôt, se débarbouiller la figure et courir sous le sac à dos.

Vient enfin le premier des grands événements. Les vert-de-gris, les fritz, les boches, les brailleurs de

« Achtung » privés de haut-parleurs se replient vers le nord. Ils quittent Carcassonne. Une longue file de tanks, de camions, de jeeps, de soldats attend probablement l'ordre de s'ébranler. Pour l'instant ils ne bougent pas, ils piétinent, ils s'assoient par terre. Ils n'occupent plus que la route qui part vers Toulouse et Paris. Des gens sont aux fenêtres, d'autres sur les trottoirs, curieux, silencieux, méfiants. Nous sommes cinq ou six garçons à courir d'un soldat à l'autre, à leur grimacer sous le nez, à leur chanter des moqueries, à fuir dès que l'un d'eux nous chasse. Et nous voilà, mon frère et moi, soudain saisis par la tignasse. C'est grand-mère Aurélie. Elle nous courait après. Elle est furieuse, elle a eu peur, comme grand-père et mes parents qui criaient nos prénoms en regardant partout. C'est que les Allemands ont parfois massacré avant de fuir les villes, et manifestement leur montrer nos culs nus et brailler des goguenardises en singeant le salut nazi n'était pas le moyen le plus accommodant d'accompagner leur débandade. Retour musclé à la maison, sous une pluie de coups de canne.

Nous voici tous dans la cuisine. Mon père a planqué les vélos, car quelques soldats solitaires, probablement des déserteurs, parcourent les rues du quartier. Ils exigent sans conviction, devant les portes entrebâillées, de ces machines de coureurs qu'ils miment sans savoir nommer. Ma mère voit, par la fenêtre, l'un d'eux s'avancer dans l'allée. Elle nous appelle et nous voilà, silencieux, fascinés peut-être, à regarder venir à nous ce vert-de-gris tant redouté réduit à l'état de mendiant. Le voici en haut du perron, face à la famille au complet. Il sourit pauvrement, demande « la » vélo, la tête de côté, sans espoir de réponse. Il a l'air d'un jeunot perdu dans un monde trop grand pour lui. Il voudrait parler, il bafouille. Il joint les cinq doigts de sa main et désigne sa bouche ouverte.

– Pauvre gosse, il a faim, dit grand-mère Aurélie.

Et à ma mère :

– Il doit rester un bout de pain dans la panière.

On le lui tend, il nous sourit. Il s'en va avec son croûton.

Nouveaux jours, drapeaux aux fenêtres. Les maquisards sont descendus de leur camp des Hautes Corbières. On les reconnaît au brassard frappé de trois lettres, FFI, qu'ils portent autour de leur bras gauche. Mon père arrive un soir avec ce bandeau rouge à la manche de son veston. Il pose un révolver sur un coin de buffet. Je m'émerveille.

– C'est un vrai ?

Il nous raconte, volubile. Odeur de vent, autour de lui. « Les fifi » (on les nomme ainsi) sont venus réquisitionner quelques hommes sûrs, à la gare. L'un d'eux lui a collé le brassard au biceps, le pétard dans sa poche et le voilà parti, en bande, à la traque des collabos. Avec une vingtaine d'autres il a passé le jour à fouiller le faubourg, les maisons isolées, les cabanes des vignes. Personne nulle part. Il rit. Il dit :

– Chance pour moi. Imaginez si j'avais dû tirer de sang-froid sur quelqu'un !

On hoche la tête, on approuve.

– Qu'ils aillent au diable, dit grand-père.

On laisse ce soir-là les volets grands ouverts, le crépuscule est délicieux, on n'écoute pas Radio Londres et l'on me sert un rien de vin pour trinquer avec la famille.

Moments étranges, en ville, observés de trop loin. À l'entrée du jardin des Plantes, un groupe d'hommes entoure une femme vêtue d'un manteau allemand qui lui pendouille jusqu'aux pieds. Quelqu'un lui tond le crâne avec application. Elle est raide, impassible. On la dirait de bois. Elle est de celles dont on dit qu'elles ont couché avec des boches. Dès qu'elle est chauve, on la malmène à grands coups de rires mauvais et de singeries insultantes. On la pousse au large, elle s'en va, elle court, son manteau sur la tête. Ma mère nous tient par la main. Nous voulons aller nous mêler à ces malveillants rigolards, mais non, elle nous entraîne ailleurs. Autre jour sur le boulevard. Nous nous promenons en famille. Une rafale inattendue de coups de feu tonitruants emplit l'air, résonne longtemps autour de notre promenade. On fusille des collabos à la caserne Laperrine. Je veux aller voir, je trépigne. Mon père, bougonnant :

– Ce n'est pas un spectacle !

Et pourquoi donc les gens y courent ? Je me sens puni sans raison.

Presque chaque matin nous allons à la gare. Des trains arrivent, débordants. Des visages chantent aux fenêtres, des bras tendus cherchent les mains des gens qui courent sur le quai en criant des noms qui se perdent dans les bruits ferraillants, les bouffées de fumée. Ce sont pour la plupart des prisonniers de guerre qui s'en reviennent à la maison. Quelques-uns sont des rescapés de ces camps de concentration dont le seul nom déchire l'âme. On leur crie : « Buchenwald », ils font non de la tête, on court à un autre wagon. On espère Élie, les trains passent. On apprend enfin qu'il est mort d'une crise d'appendicite qu'un compagnon, un soir, a tenté d'opérer, à la lueur d'une bougie, avec un couteau clandestin. On découvre un de ces jours-là les premières photos des camps punaisées sur un tableau noir à l'entrée du hall de la gare. Des groupes regardent, muets. Une femme, la bouche ouverte, les yeux ronds, les mains sur les joues, semble contempler une horreur qu'elle ne croyait pas concevable. Des presque morts de faim en tenue de bagnards, c'est tout ce dont je me souviens. Mais je vois, jamais effacés, les regards de ceux qui sont là, devant ces squelettes vivants. Certains disent : « Mon Dieu », d'autres baissent la tête et sans un mot s'éloignent seuls. On apprendra tout, peu à peu. Pour l'heure, on ne sait presque rien. Il est des cruautés que les gens ordinaires ne savent pas imaginer.

1945, le 8 mai, dix-sept heures. Nous sommes en train de goûter avec le frère de mon père qui nous emplit un bol de vin et d'eau sucrée. Soudaine explosion de sirène. Elle hurle à tous les vents que la guerre est finie. Notre oncle pousse un cri de supporter de foot à l'instant du but victorieux, laisse tout en vrac sur la table, et sans se soucier de fermer la maison, il bondit dehors, le poing haut, il court, il rameute les gens. Nous le suivons, évidemment. Nous parvenons sur ses talons place Carnot, cœur de la ville. Il y a déjà beaucoup de monde. Nous y retrouvons la famille, parents, grands-parents, vieux amis. On brandit des flambeaux, on lance des pétards, on chante, on danse sans musique, on embrasse des inconnus. Je ne sais pas ce que je fais, probablement comme les autres, mais je me souviens du moment où je cesse de m'agiter. J'aperçois mon grand-père, à quelques pas de moi, et j'en reste pétrifié. Il ne semble rien voir de la folie joyeuse qui fait rougir le ciel. Il se tient droitement planté. Il regarde je ne sais quoi, je ne sais qui, Élie peut-être. J'ai envie de courir à lui. Je ne l'ai jamais vu ainsi. Le visage impassible, il pleure.

3

1946. Je découvre la haine. Quand je t'ai dit cela, mon fils, tu as ri. Tu t'es étonné. Avoir attendu que la paix éclaire enfin notre avenir pour éprouver, sans rien en dire, cette folle rage de dents qui veulent et ne peuvent pas mordre pouvait paraître surprenant, et pourquoi pas un peu comique. J'ai attendu la paix pour déclarer ma guerre. Ce fut ainsi. Grand-mère, un jour, parlant de moi, en confidence, à sa voisine tricoteuse :

– Il ne fait rien comme les autres. Il est intelligent, pourtant !

Soupir, après ce dernier mot. Points de suspension infinis.

Pour l'instant, nous déménageons. Nous laissons à regret la Reille à mes grands-parents paternels et nous voici logés en ville. Mes père et mère ont décidé d'emprunter l'argent nécessaire pour bâtir au bord de la ville un rêve presque inaccessible, une maison à nous, en pierre du pays, à la salle à manger ouverte sur un beau jardin potager. Ma mère gère le budget avec une sévérité d'institutrice militante. D'où l'appartement malcommode au loyer sans doute aussi pauvre que le sont nos économies. Rez-de-chaussée d'immeuble aux étages cossus. À la gauche du hall d'entrée une grande et sombre cuisine à la fenêtre grisaillante. Elle s'ouvre (rarement) sur un mur maladif et une cour malodorante où prospèrent des rats gros comme des lapins. À la droite du hall, les chambres. Pour les rejoindre, donc, il faut, de la cuisine, franchir les courants d'air de l'espace public. Elles sont trop vastes, il y fait froid, le bas des murs est écaillé, mais leurs hautes fenêtres accueillent la lumière comme une vieille amie. Dehors, un ancien square aux arbres disparus dans je ne sais quelle débâcle. On n'y peut voir, inévitable sur son socle plus haut que moi, qu'un monumental Monsieur Muscles en pierre fauve, élevé là à la gloire des résistants. Au bout de cet espace nu est la marchande de chewing-gums, de bandes dessinées en brochures criardes, de glaces et de caramels mous. À quelques pas de sa baraque, ma nouvelle école, Jean-Jau. Groupe scolaire Jean-Jaurès. J'ai dix ans. Cours moyen. Monsieur Caverivière.

Chafouin. Voilà le mot qui me vient à l'esprit. Le dictionnaire dit : « D'apparence chétive et de mine rusée, sournoise. » Sourire tordu, nez humide, un œil à demi clos, l'autre qui te promet pour presque tout de suite un orage glacial, mon bourreau presque quotidien a tout du chat et de la fouine. Début de l'année, un matin. Nous voilà tous courbés sur nos cahiers-brouillons à tenter de mener à bien une division à deux chiffres. Il se penche sur mon épaule, il observe mes gribouillis. Du coup, je ne sais plus, j'hésite. Il ricane. Pourquoi ? J'ai tout faux ? Je me crispe. Je rature. Mon cœur s'emballe. Fin du quart d'heure d'exercice. Sa longue règle me désigne (il ne s'en sépare jamais). Devant tous, à la craie, poser la division, refaire le calcul qui mène au nombre juste, voilà l'épreuve insurmontable qui m'est, sans un mot, imposée. Je me lève, je vois tout flou, je m'étonne de marcher droit. Me voici face au tableau noir. Mon bout de craie crisse et se brise, je trace au hasard quelques chiffres. Il pointe une erreur, je l'efface, j'en inscris une autre à sa place. Il chantonne, c'est mauvais signe. Voilà son moment préféré. Coups de règle au pli du genou. Inutile de préciser, je porte des culottes courtes, les pantalons sont pour les grands. Que croit-il ? Que je sais et ne veux pas bien faire ? Nouveau coup. Il change de jambe. Il est sec et précis, il cingle où ça fait mal. J'esquisse une danse grotesque, j'essaie de feinter, je sautille. Les enfants rient avec le maître. Il sait se faire d'eux des complices soumis. Je m'en retourne à mon pupitre. Ma haine naît à cet instant.

Je ne suis pas seul à subir sa cruauté pédagogique. Qu'il tire les cheveux aux tempes et pince les joues des fautifs jusqu'à presque les soulever sur la pointe de leurs souliers, ce sont là pratiques banales. Mais ce qu'il aime plus que tout, ce qui allume dans son œil après qu'il a torché son nez cette jubilation gourmande qu'il promène sur nos dos ronds, c'est humilier son jouet. Et là, je suis son préféré. Monsieur Caverivière joue à ne pas connaître mon nom. Pour me convoquer au tableau, il lance au travers de la classe un « Coco ! » de vieux perroquet. Les dents serrées, la tête basse, je fais celui qui n'entend pas. Il insiste, il module, il me tient. Il le sait. Je résiste aux ricanements, aux coups de coude des voisins. Je me décide enfin, je vais droit à l'estrade. Il pose une question. Je connais la réponse. Hors des mathématiques, je suis un bon client, mais je me retiens, je me tais. Je guette son œil. Il s'allume. J'attends qu'il nasille, à mi-voix, deux ou trois « Coco » menaçants, tandis qu'il approche ses doigts de mon oreille et mes cheveux. Alors je parle. Je le prive du plaisir de me faire mal. On a les vengeances qu'on peut. Un jour pourtant j'atteins le fond de ma solitude scolaire.

C'est une après-midi de sciences naturelles. Nous en sommes aux travaux pratiques, le moment préféré de tous. Germination du haricot. Nous venons de l'enfouir dans un pot de terreau. Et la mission m'est confiée de l'arroser tous les matins, de l'aider à venir au monde. Sur l'instant j'en suis fier, je me sens important. Mais voilà que soudain me vient une inquiétude. Ce haricot tombé dans la nuit de la terre est seul, sans boussole, sans rien. Pas de points cardinaux dans le noir où il est, pas de haut ni de bas, pas le moindre repère. Et s'il poussait à droite, à gauche, de travers ? Quand on est aveugle, perdu, est-ce qu'on peut savoir où l'on va ? Je lève le doigt, je demande :

– Comment sait-il, le haricot, qu'il lui faut pousser vers le haut ?

Une trombe d'éclats de rire me tombe aussitôt sur le dos. La honte m'enflamme les joues. Et je me dis que la réponse doit être évidente pour tous sauf pour moi, l'idiot de la classe. Je voudrais, à cet instant-là, m'enfouir moi aussi sous la terre. De ce jour, pour Caverivière, me voici Coco l'haricot.

Presque cinquante années plus tard, mon ami Luis (il est indien de la cordillère des Andes) m'apprend l'art de sentir les choses comme savent faire ces gens, ces « primitifs » pour qui les arbres, les cailloux et les contes mêmes sont de respectables vivants. Il ne sait rien de l'anecdote, que moi-même j'ai oubliée. Voilà qu'un jour, l'air mystérieux, il me confie une poignée de haricots américains. Il me dit :

– Plantez-les et veillez bien sur eux. Ils viennent du Machu Picchu. Si vous savez les écouter, ils ont quelque chose à vous dire.

Je fais la grimace, j'en doute, tout cela me semble enfantin. Il insiste. Je joue le jeu. J'achète un pot, un sac de terre chez le fleuriste de ma rue, et j'enfouis mes haricots rouges. Je les laisse là quelques jours. Rien ne vient. Je le dis à Luis.

– Encouragez-les, me dit-il, ils sont timides, parlez-leur.

Je n'y crois pas, mais je le fais. J'imagine la pousse verte, minuscule, tendre, perdue sous une montagne de terre (pour elle c'est une montagne), et mille petits riens autour, des bestioles, des bouts de vie qui lui disent : « Que cherches-tu ? Regarde-toi. Sois réaliste. Comment un être aussi chétif pourrait-il grimper au-delà de notre monde quotidien ? Notre vie est ainsi, ténèbres sur ténèbres. Tu t'évertues pour rien, sois sage, rendors-toi. » Mais non, elle s'efforce, elle s'obstine. Elle ne connaît rien que le noir et pourtant elle espère, elle croit, elle sait contre toute raison que le soleil lui est promis. Je lui dis : « Mais comment peux-tu en être sûre ? » Elle répond : « Ma mémoire sait. Je me souviens de la lumière. Elle est partout inscrite en moi. J'ai déjà vécu sous le ciel, je le connais, il me connaît et je veux plus que tout au monde, plus que tout, oui, le retrouver. » C'est alors que m'est revenu cet enfant que j'avais été, qui posait des questions stupides. Cinquante ans pour une réponse. Cinquante ans pour m'apercevoir qu'à espérer une lumière, perdus dans nos obscurités, nous étions tous des haricots.

Je ne dis rien, à la maison, de ce que je subis en classe. Ma mère et le chafouin sont collègues. Ils s'estiment. Ils militent tous deux au même syndicat, donc impossible de me plaindre. Cela ne ferait sûrement que compliquer la situation. Et puis je ne sais quelle honte, quelle pudeur, quelle fierté m'interdit d'avouer mes peurs et mes faiblesses. Donc je me tais mais je fais tout, de temps en temps, surtout l'hiver, pour me sentir fiévreux, patraque ou trop souffrant de quelque part pour me traîner jusqu'à l'école. Je n'y réussis pas souvent. Voix de ma mère :

– Hop là, debout !

Elle repousse mes couvertures, mon frère est déjà habillé. Je me renfrogne. Gestes lents. Je peine à revenir au monde. Je vois des fantômes, parfois. Même aujourd'hui, curieusement, je ne l'avoue pas volontiers, comme si je risquais encore quelque moquerie malvenue, mais je me souviens qu'une nuit, j'entends des bruits de voix, dehors, sous la fenêtre. Nous sommes au rez-de-chaussée, leur rumeur est là, toute proche. Je me lève en catimini. Par la fente entre les volets j'aperçois des gens qui parlotent, sauf que ce ne sont pas des gens mais plutôt des êtres brumeux aux visages sans traits visibles. Ils s'attardent un moment sur le trottoir désert puis s'éparpillent brusquement, dispersés comme par le vent. Une autre nuit je vois des têtes aux coins du plafond, impassibles. Elles me regardent. Elles m'épouvantent. Elles ne sont pas laides pourtant mais leur regard sans expression me fascine et me désespère. Qui sait ce que vit un enfant dans ses solitudes secrètes ?

Tout cela, aujourd'hui, m'amuse et m'attendrit. Ma haine de Caverivière, en vérité, s'est effacée dès l'année scolaire passée, et mes visions n'ont pas duré. Elles furent des douleurs violentes mais devenues inexistantes dès l'apaisement revenu. Quant au chafouin (pauvre de lui, son garçon était au maquis, les Allemands avaient massacré sa maison), je sais bien que vu d'aujourd'hui il peut apparaître barbare. Il le fut quelque peu pour moi, j'étais un enfant vulnérable. Mais il n'est personne, en ces temps, pour condamner les coups de règle, les moqueries humiliantes ou les ricanements vexants. Ils sont, pour presque tout le monde, des accessoires éducatifs. On se glorifie même, entre cancres costauds, de n'avoir pas bronché d'un poil sous un tiraillement d'oreille et de cheveux environnants. Bref, je ne me sens pas martyr. Je subis la loi de l'école, voilà tout. Elle ne me plaît pas, mais peu importe, c'est ainsi.

À la maison, autre musique. Deux mots nouveaux, beaux, bien sonnants, échauffent les conversations : la non-violence, idée venue du fond de l'Inde renaissante, et Gandhi, son incarnation, ombre solitaire et fragile sur une place immense et nue, ainsi le montrent les journaux. Son image, curieusement, se mêle à celle d'un autre homme, Garry Davis, l'Américain éphémère inventeur d'une espérance folle : plus de frontières, plus d'États. Soyons tous citoyens du monde. Nous émergeons d'un long tunnel, nous avons besoin de lumière, d'enchanter enfin l'avenir. Davis brûle son passeport, en public, à Paris, devant son ambassade. « Notre seule patrie, dit-il, est notre planète, la Terre.

Où qu'il soit, chacun est chez lui. » On l'écoute, on s'enthousiasme. Albert Camus signe avec lui une lettre aux Nations unies. Elle demande que les vivants qui ne veulent d'aucun pays aient une place à leur Conseil. Partout où il le peut, il parle. Il ne soulève pas les foules, il fait mieux, il remue les cœurs. Il passe, un jour, à Carcassonne. Sous le préau de Jean-Jaurès (Garry Davis dans mon école ! Peut-on rêver plus inouï ?) on a dressé pour lui une estrade branlante. Évidemment nous sommes là, enfants, parents et grands-parents, debout dans la foule tranquille. Le voici devant nous. Il est plutôt fluet. Je l'imaginais grand, bien sûr, et très beau, puisqu'il est célèbre. J'ai peine à le voir en entier entre deux têtes, deux épaules. Quand je le peux je le regarde, hissé sur la pointe des pieds, avec une attention si vive que j'en oublie de l'écouter. On l'applaudit, il nous sourit, il agite sa main dans l'air. Il disparaît, les gens s'attardent, on discute de-ci de-là, on n'a pas envie de rentrer. Il est pourtant presque minuit, et Jean-Jaurès dort sous la lune, toutes les classes sont fermées, on n'y voit aucune lumière. Pour la première fois de ma vie, ce soir-là, je suis content d'être à l'école.

Garry Davis, évanoui, évaporé de nos mémoires, dans quel trou imprévu est-il soudain tombé ? J'ai l'impression d'être le seul à me souvenir de cet homme pourtant fameux, ces années-là. Il est venu dans l'air du temps comme une lumière passante, et ceux qui l'avaient écouté l'ont laissé partir en fumée sans plus se soucier de lui. Mes parents l'oublient, eux aussi. Ils demeurent pourtant fidèles à leurs convictions pacifistes au point d'interdire à leurs fils les bandes dessinées farcies de mitraillettes et de héros yankees que l'on vend pour quelques centimes à la baraque aux friandises devant le portail de Jean-Jau. Ma mère m'achète *Francs-Jeux*, journal éducatif en diable que je parcours distraitement, mais je lis et relis le soir, sous l'abri de ma couverture, mon premier cadeau de Noël tombé du ciel en temps de paix : *Robinson Crusoé*, illustré de gravures qui me fascinent tant que parfois, les yeux demi-clos, je joue à les voir s'animer.

Fin de l'année Caverivière. Garry Davis s'éloigne aussi. Nous découvrons les rudiments de ce qui deviendra un jour la préoccupation majeure de notre temps : l'écologie. Nous ne le savons pas encore, puisque le mot n'existe pas, mais depuis que nous habitons dans notre nouvelle maison à la porte d'entrée en planches de chantier, aux ampoules nues au plafond, aux deux chambres à peine plâtrées, notre pain quotidien est fait de blé complet.

Car sitôt le toit sur les murs, nous avons fui les courants d'air de l'avenue Arthur-Mullot pour la dernière rue avant les terrains vagues où est le rêve enfin debout de mes intrépides parents. Côté sud, en pleines fenêtres, guère éloigné à vol d'oiseau, le haut lieu de mon temps d'enfance : les remparts (ce mot seul m'emporte je ne sais où, dans d'autres vies), les tours pointues de la Cité, mon éden de pierre et de songes si magnifiquement désert sous les vents mouillés de l'hiver. Côté rue, le terrain de jeux de la marmaille du quartier : une friche envahie de ronces où est une jeep désossée. Nous avons pour presque voisin l'inattendu monsieur Mounier, militant solitaire et pourtant convaincu de la frugalité pour tous. Il consomme ce qu'il cultive, il pétrit lui-même son pain, il jeûne une semaine l'an.

– Les plantes qui guérissent nous attendent partout, il faut apprendre à les connaître, dit-il dès qu'on le pousse un peu.

Son œil s'éclaire quand il parle, preuve qu'il croit à ce qu'il dit. Bref, entre les fracas du monde et les murmures de la vie, il préfère écouter la vie. Il est curieux de tout, cet homme, c'est un passionné de savoir. Il est à l'évidence un de ces chercheurs d'âme qui ont de tout temps attiré la sympathie de mes parents. Il est donc notre boulanger et notre marchand d'huile vierge. Il nous prête parfois des livres qu'il a aimés, qui l'ont instruit. L'un d'eux, vers mes seize ans, ouvrira le chemin de ma vie trébuchante, cet étrange pèlerinage qui me conduit je ne sais où, et qui vaut pourtant le voyage.

Mais pour l'instant, j'entre au lycée. Il est loin du nouveau chez-nous, à trois quarts d'heure au moins de route. Toute la ville à traverser, et du matin à la sortie, quel que soit le cours, je m'ennuie. Je ne suis ni bon ni mauvais. Je navigue dans les eaux calmes de l'à peu près moyen partout. Je fais ce qu'il faut, rien de plus. J'ai une compagne secrète, je lui parle, je l'encourage, mais quoi que je dise ou je fasse, elle va son train exaspérant : la pendule cerclée de bois au-dessus du bureau du maître. Je joue avec elle parfois. Je ferme un bref instant les yeux. Je parie : « Moins dix. » Je regarde. Il est encore moins vingt-cinq. Je m'évade par la fenêtre, la cour est vide, j'aime ça. En classe de mathématiques il m'arrive de m'insurger contre la fatalité morne des démonstrations réussies. Si un et un ne font que deux, s'il n'est pas d'autre issue possible, s'il est interdit d'inventer autre chose que ce deux-là, alors c'est la prison à vie. À l'âge où l'on sort de l'enfance, où le corps se fait trop étroit pour le nouvel être qui pousse, la logique mathématique me révolte. Je n'en veux pas. C'est la loi du « C'est comme ça », la dictature de l'exact, la satisfaction sans nuage de « ce qu'il fallait démontrer ». Pour les ailes que je me sens, pas d'espace, même menu, pas d'espoir d'envol imprévu, pas de miracle envisageable. Je l'ignore mais le temps vient d'une éclosion sombre, exaltante. Me voici à seize ans, en classe de première. Je découvre la poésie.

J'écris de temps en temps des poèmes naïfs heureusement perdus. Je lis Baudelaire et Verlaine. J'en recopie des vers sur mon carnet secret. Ils sont mes rock stars, mes modèles. Si, en ces temps de blouses grises et de pull-overs tricotés, la mode avait été aux tee-shirts bariolés, j'aurais exhibé leur figure non pas seulement sur mon cœur, mais de haut en bas du devant. À la sortie des cours, le soir, je m'arrête parfois devant la librairie du fringant monsieur Castres. Je le vois de loin, ce jour-là, planté sur le pas de sa porte, comme à son habitude impeccablement mis, nœud papillon, calvitie grise, les mains au dos, le menton haut, il fait comme moi au lycée, il regarde le temps passer. J'hésite à m'arrêter, sa présence me gêne, mais je colle, mine de rien, mon bout de nez sur la vitrine. Il me jette un coup d'œil.

– Les livres t'intéressent ?

Ma tête, apparemment, l'amuse.

– Entre donc, ça ne coûte rien.

Il disparaît à l'intérieur, il ne s'occupe plus de moi, je m'enfonce dans la pénombre. Je ne sais pas où regarder.

– Les romans sont là, me dit-il, et là le rayon poésie.

Évidemment j'y vais tout droit et je découvre une étagère, exactement à ma hauteur, qui emballe soudain mon cœur.

Là est une rangée de livres inestimables. Ils sont petits, carrés, brochés. Sur les dos sont des noms semblables à des sésames. Chacun d'eux est pour moi pareil au trésor le plus désirable qu'il me soit permis d'espérer : André Breton, Robert Desnos, Aragon, Rainer Maria Rilke, Apollinaire, Henri Michaux et cet autre inconnu, à lui seul un poème, Oscar Venceslas de Lubicz-Milosz. Je n'y vois pas Prévert, sans doute trop célèbre. Il a quitté pour la lumière le fond ombreux des librairies.

Nom de la collection : « Poètes d'aujourd'hui », éditée par Pierre Seghers. Je caresse du bout du doigt je ne sais lequel de ces livres. Je n'ai pas entendu monsieur Castres approcher. Il me dit à mi-voix d'église :

– Bien sûr, bien sûr, la poésie. Je suppose que tu écris.

Je hausse les épaules et ma tête dit non mais le sang me bat dans les tempes. Il pourrait se moquer plus ou moins gentiment. Pas du tout, il reste attentif, et sa discrétion m'encourage. Il me désigne mes grands hommes.

– Tu aimerais les lire ? Laisse-moi deviner. Tu es poète et sans argent.

Il hésite à peine un instant.

– Peu importe, tu me paieras quand les poulets auront des dents.

Il sort Desnos de la rangée. Il me le tend.

– Je te le prête. Tu le lis, tu me le ramènes, et si tu as encore faim, tu en choisis un autre et tu pars avec lui. Prends garde simplement à ce qu'il reste propre. Surtout, ne pas casser le dos. Veille à cela, sinon, je ne peux plus le vendre.

Je suis reçu chez mes héros, ils m'accueillent, je suis leur frère. Je ne sais pas ce que je dis, je m'empêtre probablement dans des remerciements confus. Il me sourit, content de m'avoir étonné.

Le soir venu, à la maison, je raconte ma découverte. J'exhibe mon Desnos. Mes parents sont perplexes.

Leur culture est classique, ils ne comprennent rien à l'explosive impertinence des dynamiteurs de beaux-arts. Picasso ? Un escroc notoire. Qui peut estimer regardables des portraits au nez de travers, aux deux yeux du même côté ? Quant aux surréalistes, allons, ils se moquent du populo. Ils font passer pour des poèmes des mots accolés au hasard et, comble de l'absurdité, il y a des gens pour s'épater de leurs facéties de zazous. Les zazous ? Des snobs excentriques qui, les premiers, s'habillent en jeans. Ils ne sont pas encore « blue », ces nouveaux frocs américains, ils sont noirs à coutures jaunes, et pas encore universels. Les jeunes au goût du jour les portent retroussés au-dessus des chevilles. J'aimerais, moi aussi, me balader ainsi, mais je suis loin d'être un zazou. D'abord, je n'ai pas l'âge, et de toute façon, je n'ai rien de ceux qu'on appelle (c'est nouveau) les fils à papa. Mais j'ai découvert un pays que désormais j'explore seul. J'aime ailleurs que chez mes parents, et j'en suis fier. Je les provoque. Qu'ils ne comprennent pas les œuvres qui m'exaltent me plaît. Je me sens fort. Je tiens debout sans eux. Ils me paient pourtant volontiers tous les « Poètes d'aujourd'hui » qui m'attendent chez monsieur Castres. Ils sont doués, en vérité, de cette droiture laïque qui les porte à me vouloir libre, et donc à me rendre capable de décider seul de ma vie. Ma famille n'a qu'une loi, qu'une vertu infranchissable à porter haut, partout, toujours : l'honnêteté, « l'honneur du peuple », selon le mot fièrement dit de mon grand-père, un jour de discutailleries. Mes emballements sont naïfs mais sans calcul, sans tricherie. Mes parents les respectent donc. Ils ne m'imposent pas leurs goûts. J'ai dû parfois les inquiéter, mais ils ne l'ont jamais montré. Je les ai toujours vus solidement aimants. Une fois, une seule, ils m'ont abandonné dans une nuit sans ciel ni terre.

Je fais, en compagnie d'une dizaine d'autres, du théâtre amateur. L'Amicale laïque est notre maison mère. J'en souris aujourd'hui mais j'ai, en ce temps-là, l'ambition avouée de jouer Brecht, Lorca, Molière sous un chapiteau de forain évidemment chaque soir plein d'applaudissements infinis. Ouvrir le cirque à l'art, le vrai, tel est mon rêve du moment. En bref, je fais tout mon possible pour effrayer ma maisonnée. Nous sommes une bande d'amis aussi fiers de nous que possible. Pour l'heure, en attendant la gloire, nous installons de temps en temps nos décors approximatifs dans les salles des fêtes et les foyers ruraux des villages environnants. Notre public est indulgent, nous le croyons enthousiaste, et je lis à mes amourettes, que j'espère entraîner je ne sais où mais loin, les pages les plus admirables (du moins selon mon sentiment) de *Nadja* ou de *L'Amour fou*. Les paroles d'André Breton à peine évoquées me reviennent : « J'aimerais que ma vie ne laissât après elle d'autre murmure que celui d'une chanson de guetteur. » Et je pense à Claude Millioud.

Je prononce son nom pour la première fois depuis ces jours lointains. Il est le plus vieux de l'équipe, il doit avoir vingt-cinq-trente ans. Que te dire de lui, mon fils ? Il a de ces sortes d'idées qui apparaissent farfelues et qui, à peine remuées, se révèlent étonnamment justes. Claude est un passionné cultivé, stimulant. On ne sait presque rien de sa vie mais qu'importe. Il a toujours un livre à faire découvrir. Nous avons rendez-vous chez lui, un soir, en fin d'après-midi. Sa bibliothèque est importante. Il m'a promis de me prêter des monologues de Cocteau et des sketchs de vieux humoristes. Me voici en ville. Il fait beau. Je croise une amie de la troupe. Je lui dis où je vais. Elle répond :

– Pas la peine, on l'a trouvé mort ce matin.

Sa voix ne tremble pas, elle dit ça simplement, son œil n'est même pas humide. Je ne la crois pas, je ris jaune, mais non, elle ne plaisante pas. Elle me redit que Claude est mort, semble-t-il, d'un arrêt cardiaque. Je bafouille :

– Mais hier, pourtant, il allait bien. Il voulait me parler d'une idée qu'il avait.

Elle me laisse là, dans la rue. Je ne vois plus les gens qui passent, ils bougent comme au ralenti, dans une brume transparente.

Je m'en retourne à la maison. Mon père est encore au bureau, ma mère doit faire des courses, mon frère est je ne sais pas où. Je m'assieds au bord de mon lit, et je me dis : « C'est ça, la vie ? » On parle, on joue ensemble, on se prête des livres, on boit l'apéritif, on rit, et soudain, sans explication, la lumière dans l'œil s'éteint, le néant, plus rien, plus personne. Et cette fin de tout peut surgir à toute heure, au milieu d'une phrase, à l'instant ordinaire où l'on se dit bonjour. Peut-on vivre ainsi ? Non. Pas moi. Il me faut une explication, une réponse, même idiote, sinon autant rester assis à regarder bouger les gens en attendant la baffe noire qui, de toute façon, viendra.

Dieu n'est jamais entré chez moi, en tout cas vêtu en soutane, et je n'ai jamais fréquenté ces jeudis-matin-catéchisme où l'on apprend qu'après la mort tout continue comme à l'école. Les gentils vont au paradis, les mauvaises têtes en enfer. Mes parents sont des « laïcards », des anticléricaux notoires. Athées ? Je ne crois pas. Agnostiques ? Sans doute. Ils ne savent pas. Moi non plus. Et donc ils ne me disent rien. Ils baissent la tête, ils se taisent. Ils ont de la peine pour moi mais ne se risquent même pas à me raconter que peut-être mon ami est monté au ciel. Ils me laissent avec ma détresse, avec ce gouffre devant moi. Ils pensent que le temps me ravigotera, qu'il faut juste être un peu patient. Ils ignorent que ces nuits-là je fais les cent pas dans ma chambre, d'un mur à l'autre, et que j'enrage, que j'interpelle Dieu, que j'exige qu'il parle, mais, bien sûr, ce salaud se tait. Hermann Hesse, je ne sais où, parle de l'état suicidaire qui n'est pas seulement le fait de ceux qui sont tentés de se donner la mort, mais qui tourmente aussi ces gens qui sans cesse se croient exposés au danger, comme s'ils se trouvaient au sommet d'un rocher d'où la moindre poussée de vent ou le moindre coup de faiblesse pouvait suffire à les jeter dans le néant définitif. Je me sens ainsi quelques jours, puis, bien sûr, le temps me guérit. Mais quelle force naît en moi au cours de ces nuits, quelle rage ! Je ne cesserai plus jamais de chercher l'Absent introuvable.

J'ai donc seize ans, des cheveux longs (en ce temps-là, « ça fait poète ») et je traverse ces révoltes, ces exaltations amoureuses où l'on se défait de l'enfance, où l'on s'extirpe du cocon. Au lycée, où j'étais timide, je suis devenu insolent. En classe de littérature, j'expose fièrement Desnos, ou quelque autre surréaliste, sur mon pupitre, bien en vue, manière d'affirmer, aux yeux du professeur, mon opposition radicale à la poésie de bon goût et aux opinions convenables. J'ai l'imagination simpliste. J'ignore encore que la vie passe son temps à inventer des évidences imprévisibles. Je rencontre, l'année du bac, deux vieillards lumineux, paisibles. Ensemble ils sont entrés dans mon jardin secret, et ils y sont restés. Malgré le temps qui défait tout je m'assure encore, parfois, qu'ils sont bien là, fidèles, immuables, amicaux. M'ont-ils fait du bien ? C'est peu dire. Il me plaît de croire qu'ils furent, et qu'ils sont encore aujourd'hui, mes veilleurs, mes gardes du cœur, le long des routes de ma vie.

Mounier, l'homme du pain complet, me fourre un jour entre les mains un livre apparemment mille fois consulté. L'index dressé devant le nez, il me dit :

– Bouquin magnifique.

C'est *Le Pèlerinage aux sources*. Son auteur, Lanza del Vasto, est célèbre mais peu visible. Il ne se montre nulle part, bien que son best-seller éveille un peu partout des enthousiasmes nouveaux. De l'aventure qu'il raconte, je n'ai rien retenu. Qu'importe. Je me souviens de l'essentiel : cet appétit émerveillé qui me fait dévorer ces pages aux coins cornés, aux lignes çà et là soulignées au crayon. J'apprends qu'ailleurs, au bord du Gange, des chercheurs, des mystiques explorent, expérimentent. Ils disent des mots qui m'exaltent, certains paraissent avoir atteint cette sagesse poétique qui me fait cheminer, en rêve, à leur côté. Des noms ? Krishnamurti, Tagore et Vivekananda, le plus cher à mon cœur. Ces mots de lui notés sur un vieil agenda : « Sache qu'autour de toi il n'est pas de ténèbres. Ôte donc les mains de tes yeux et la lumière paraîtra. » Il faut dire qu'en ce temps-là, dans nos remuements d'après-guerre, seuls quelques érudits connaissent l'hindouisme. On ignore tout du yoga, des ashrams, des maîtres penseurs qui cultivent la paix de l'âme. En tout cas, moi, je les découvre. Je vois tout beau, je veux apprendre et, plus que tout, je veux savoir où mène ce *Pèlerinage*. Mon enthousiasme est naïf. Il n'en est pas moins bienfaisant. Je refusais alors, et je refuse encore, de considérer le réel comme le seul maître du monde. Je préfère croire à mes rêves. Au moins en eux est l'allégresse qui fait la beauté de la vie. Je veux donc rencontrer Lanza, le voir là, en face de moi, lui poser des questions et boire ses réponses comme un alcool de vérité.

– C'est facile, me dit Mounier. Demande à Pierre, il est de l'Arche. Il vient une fois par semaine chercher des légumes et du pain. Demain, justement, c'est son jour.

Le lendemain matin, tout est simple, en effet. Pierre m'écoute sans cesser de fourrer ses pains dans son sac. À peine ai-je dit mon désir de rendre visite à Lanza et de me mêler un moment à ceux de la communauté qu'il m'interrompt, rieur.

– Eh bien venez, dit-il.

Je ne suis pas seul, ce jour-là. Monique, mon premier amour, curieuse de tout, m'accompagne. Nous venons de passer le bac, nous sommes tous deux en vacances. Nous grimpons dans la camionnette, sans souci pour notre retour.

L'Arche, de fait, est un ashram. Dans les villages environnants on regarde ceux qui en sont comme de faux moines bizarres heureusement inoffensifs. C'est ce que nous dit Pierre. Il en rit. Nous aussi. Lanza et ses disciples vivent aussi simplement que possible. On dirait aujourd'hui qu'ils sont écologistes, ou végans, ou végétariens. On aurait tort. Ces mots désignent des militants, des partisans, des gens « en lutte », comme ils disent, des gentils contre des méchants. Ceux de l'Arche sont pacifiques. Ce qu'on appelle la nature, la Terre, l'environnement est pour eux un être vivant, donc quelqu'un de notre famille. Bref, pour dire mon sentiment, ils ne demandent rien au monde. Ils veulent simplement qu'on leur fiche la paix.

Du lieu campagnard où ils vivent je n'ai qu'un vague souvenir. Seul apparaît à ma mémoire, sur un sentier ensoleillé, un bel homme de haute taille vêtu d'un vêtement de laine couleur de sable du désert, barbu et chevelu tout blanc. Son regard est si accueillant, sa main tendue si naturelle que je ne pense même pas à me sentir intimidé. Nous voici dans une cabane ouverte sur des gens qui traversent la place (peut-être n'est-ce qu'une cour) où l'ombre et le soleil jouent avec les feuillages. Là sont une table et deux bancs. Nous nous installons face à face. Il est si bienveillant, si simple, si loin de la leçon de vie que j'espérais noter sur mon carnet de poche qu'il décourage les questions. D'ailleurs, c'est lui qui m'interroge. J'ose lui avouer que j'écris des chansons, et le voilà qui s'émerveille et qui me répond :

– Moi aussi !

Sa femme, Chanterelle, apparaît à la porte. Il lui dit que je suis poète. Elle semble émue par ma jeunesse. Elle prend soin, surtout, de Monique, elles ont l'air de s'entendre bien. En bref, nos hôtes semblent heureux comme un couple de bonnes gens qui reçoivent de vieux amis après une trop longue absence. Pas un instant nous ne parlons ni du *Pèlerinage aux sources* ni de philosophie hindoue. Mais je reçois, ce beau jour-là, un inoubliable message. J'aimerais devenir cet homme, non pas un maître, un grand penseur, mais un serviteur de la vie, un paisible amoureux, jusque dans ses silences. Le voit-il ? Oui, assurément, car il me répond sans paroles : « Tu veux me rejoindre où je suis ? Va vers l'absence d'artifice, la simplicité ingénue et la tranquillité du cœur, malgré les désordres du monde. Garde vivant ce don d'enfance : le pouvoir de t'émerveiller, fais de ta vie un bon moment que tu aies envie de chanter. » À l'instant de nous séparer, Lanza me serre dans ses bras. J'en suis ému, désorienté. Nous ne nous reverrons jamais. Seul son visage m'est resté. Le temps n'a pas pu l'effacer, au point qu'il m'arrive parfois de penser, par plaisir d'enfant : « Peut-être sera-t-il de ceux qui m'accueilleront hors du monde, dans un ashram de l'au-delà. »

Un autre homme, vers mes seize ans, est venu et n'est plus parti. Je suis à peu près sûr qu'il connaissait Lanza. Ils étaient à mes yeux de la même famille. Déodat Roché, l'hérétique, l'érudit qui a réveillé l'histoire de l'Occitanie et de nos ancêtres cathares, dont je ne dirai rien, de peur de m'embarquer dans un livre de plus. Déodat est un philosophe et un savant impressionnant, mais on murmure aussi dans son village d'Arques qu'il donne à l'occasion des nouvelles des morts, ce que d'ailleurs il ne nie pas. Il est aussi, comme Lanza, non-violent et végétarien. Mes parents le connaissent, ils éprouvent pour lui une amitié timide. Ils l'ont rencontré quelquefois chez une vieille amie commune. Nous allons lui rendre visite, une après-midi de dimanche. Le village est désert, il pleut, il fait grand vent. J'entends encore la clochette à la grille de la maison. Un jardin minuscule précède le perron. Un long vieil homme maigre apparaît sur le seuil, la tête couronnée de blanc, la veste boutonnée sur presque pas de corps. Il s'avance vers nous, il salue mes parents, puis se penche sur moi et me prend par l'épaule. Il me dit, doucement rieur :

– Voici donc notre troubadour !

Nous entrons, lui et moi, et ma famille suit. Ma mère parlera longtemps de cet accueil peu ordinaire. Déodat, comme les cathares (comme Lanza aussi, je pense), croit en la réincarnation. Il n'a pas dit à la légère ce mot qu'il a posé sur moi. Les troubadours, on le sait peu, ont ouvert les cœurs à l'amour en un temps, le treizième siècle, où la porte des sentiments était inaccessible aux hommes. Nous sommes les seuls, lui et moi, dans cette maison campagnarde, à qui leurs noms soient familiers, et pourtant nous n'en parlons pas. Nous buvons le café, environnés de livres. Ils débordent des étagères. Je n'en ai jamais vu autant. Déodat répond à mon père qui s'intéresse à l'hérésie. Ma mère prétendra qu'il n'a parlé qu'à moi. Je ne m'en suis pas rendu compte, mais je me souviens de ceci, qui m'a laissé la bouche ouverte. À l'instant de prendre congé, il me prend à nouveau par l'épaule et me dit :

– De bon matin, quand il fait beau, je grimpe en haut de la colline pour saluer le jour qui vient. La semaine passée, je me suis agacé contre un petit arbre malingre qui me séparait du soleil. Le lendemain, il était mort.

Prends garde aux mauvaises pensées. Même non dites, elles sont nocives.

J'ai revu parfois Déodat, jusqu'à mon départ pour Paris. Il s'est gardé vivant jusqu'à plus de cent ans. Je me souviens de ses silences. J'ignore ce qu'il m'a appris. J'ai goûté la paix près de lui. Je n'avais besoin de rien d'autre. Il le savait. Béni soit-il.

4

J'ai dix-sept ans. Année philo. Le bac, en ce temps-là, se joue en deux parties. Je ne garde aucun souvenir de ces heures où l'ennui plus que jamais m'accable, et pourtant j'ai le sentiment que Coco l'haricot éclôt, cette année-là, dans une lumière nouvelle, émerveillante, insoupçonnée. Je n'en dis rien chez moi mais je suis amoureux. L'avenir s'ouvre, s'illumine, il rit à la barbe de Dieu. Je ne vois plus clair, je vois beau. Et je découvre la chanson, tout seul, le soir, dans la cuisine, le front presque collé au poste de radio qui diffuse des émissions dites de divertissement. La télé existe, mais loin, chez quelques riches Parisiens. Elle n'a pas encore envahi le devant de nos canapés. Alors, les yeux fermés, on rêve le spectacle, on se joue les bonheurs qu'on veut.

Or, un de ces beaux soirs, j'entends (c'est inhabituel) quelqu'un qui me parle en musique. Il chante comme il est, sans chichis ni flaflas, comme disait Ferré, et il déroule à voix humaine, et non pas à voix de chanteur, un poème de belle chair que je goûte en brigand complice. En bref, je découvre Brassens. Au fil des soirées de gala entre le placard à balais et la vaisselle sur l'évier, Ferré vient lui aussi allumer mes oreilles, et Félix Leclerc, et Gréco. Elle, la fière, l'insolente, tandis qu'elle chante à mots précis, je la vois rue des Blancs-Manteaux, racolant Sartre, par nuit noire, sous un réverbère voyou. *La Rue des Blancs-Manteaux !* Fais-moi plaisir, mon fils, écoute cette chanson rare, elle doit survivre quelque part, chez un de ces anges clochards qui hantent encore l'internet. Dans la pièce à côté on joue à la belote. Moi, je m'imagine à Paris parmi ces frangins de la nuit. Ma vie sait désormais où elle veut en venir. Le père Noël, cette année-là, m'a fait cadeau d'une guitare. Je mets mes poèmes en musique et je les chante, à l'occasion. Je sors peu à peu du cocon. J'imite ces gens qui m'inspirent, Verlaine aussi, Apollinaire, et je m'essaie, en fier anar, à la chanson protestataire. Mes cibles : l'Église et l'armée, bref le sabre et le goupillon, comme disaient les satiristes du bon vieux *Canard enchaîné.*

C'est la vitrine du disquaire que maintenant mon souffle embue. J'aime Sidney Bechet, son vieux jazz mélodique et sa *Petite fleur.* Il fait escale, ce soir-là, au théâtre de Carcassonne. En première partie passe un presque inconnu. Il est auteur-compositeur. J'ai entendu, à la radio, parler de son « quarante-cinq tours », quatre chansons du fond du cœur microsillonnées sur vinyle. Je le vois encore, grand, maigre, attrapé par un projecteur au milieu de la vaste scène. Voix fervente. Maintien austère. Il s'accompagne à la guitare. On l'applaudit modérément. Il salue, il s'en va. Il semble un peu perdu. Cela m'émeut. C'est un poète, et donc un frère, un « homme à moi », comme je nomme, dans mes songes, les êtres dont je me sens proche. Personne ne sait, pour l'instant, qu'il deviendra grand. Jacques Brel.

Fin de la première mi-temps. Nous allons boire, entre copains, un demi au bar de l'Entracte, de l'autre côté de la rue. Il est là, le chanteur, seul au fond du bistrot. Il s'est fait servir un sandwich et la même bière que nous. Je l'observe. Il ne me voit pas. J'ai envie d'aller lui parler mais il semble lointain, il regarde dehors, et que pourrais-je bien lui dire ? Que j'écris aussi des chansons ? Je n'oserais jamais. Que je veux, rien de plus, lui dire ma sympathie, mon amitié ? Je bafouillerais. Ridicule. Et puis il s'en moque, c'est sûr. Fin d'entracte. Le bar se vide. Il regarde les gens sortir. Il reste seul avec le garçon de café qui torchonne les guéridons.

À peu près dix années plus tard, je déjeune en sa compagnie chez notre ami François Rauber, musicien de haut vol, gourmet de grand savoir et aristocrate du cœur. Je parle de cette soirée, du théâtre de Carcassonne, du sandwich au fond du bistrot, de mon désir d'aller à lui, et d'échanger quelques paroles. Je lui dis :

– Je n'ai pas osé. J'ai eu peur de t'importuner.

Il me répond :

– Sidney Bechet ! La pire tournée de ma vie ! Je me souviens, trois mois de scènes, de bars et de chambres d'hôtel sans personne avec qui parler ! J'étais seul comme un chien galeux. Tu as raté une occasion de faire du bien à un homme !

Il rit à grosse voix. Nous parlons d'autre chose. Un moment, je n'écoute plus. Je revois le bar de l'Entracte, l'adolescent et le chanteur perdus dans les odeurs de bière et le brouhaha de la vie. J'étais un autre, lui aussi. Une mélancolie m'embrume. Je ne sais pas ce qu'elle me dit.

Fin des études secondaires et des soirées à la maison. Me voici à la grande ville. Toulouse, rue Albert-Lautmann. Là est la faculté de lettres. J'occupe une chambre agréable bâtiment B, sixième étage de la cité U toute neuve. Elle est encore, çà et là, en travaux d'aménagement. Mon chemin droitement tracé : devenir, dans cinq ou six ans, professeur de littérature dans un lycée des environs. À Carcassonne, pourquoi pas ? C'est le désir de ma famille. Le mien est plus embroussaillé. Professeur ? Jamais. J'en mourrais. Je dramatise, mais à peine. Infliger à des innocents le long ennui que j'ai subi, la dictature des pendules, la litanie des mêmes mots répétés d'octobre à juillet, même cartable, même blouse, même grisaille, tous les ans, me conduirait assurément au désespoir définitif. Pitié, plutôt finir sous les ponts de Paris. Il me faudra pourtant (c'est ce qu'on me serine) envisager un jour un travail convenable dont mes parents puissent être fiers. Mais que faire ? Je ne sais pas. Chanteur-poète ? Inavouable. Écrivain ? Allons donc, ce n'est pas un métier. Je fréquente les cours d'amphi modérément, au petit trot, j'écris des nouvelles funèbres barbouillées d'humour rouge sang, je m'aventure enfin, un soir, dans un théâtre poussiéreux où le groupe Louise-Michel (une brochette d'anarchistes) propose à quelques convaincus ou prêts à se laisser convaincre une conférence-débat sur la libération des femmes. Ne pas oublier que nous sommes en 1955. Les pasionarias féministes n'ont pas encore réveillé les consciences intéressées. Tant dans la salle que sur scène l'écrasante majorité est tranquillement masculine. Qu'importe, les questions me semblent stimulantes. J'aperçois parmi l'assemblée un voisin de la cité U. Sa chambre est proche de la mienne. C'est Marc Prévôtel, dit Toto.

Lunettes, œil rigolard, mégot au coin des lèvres, gabardine toujours ouverte de septembre à la mi-avril, il est élève ingénieur et libertaire pacifiste. Nous voici amis pour la vie. Bien sûr, nous nous perdrons de vue, plus tard chacun suivra sa route, mais quand mon souvenir le rejoint en ces temps, je me revois poussant sa porte sans prendre le temps de frapper. Il me jette un coup d'œil, il marmonne : « Salut », et sans traîner en politesses nous partons en grandes idées comme d'autres vont en vacances. Il lit *Le Monde libertaire*. Il connaît, comme il dit, « les copains qui l'animent ». Il ne dit pas « qui le dirigent ». Pour l'anar, pas de hiérarchie.

Parenthèse. Ce mot, « anarchiste », est mal vu. On imagine au mieux un bricoleur de rêves, au pire un ogre, un terroriste, un violent à guillotiner, en tout cas un désordonné aux convictions plus ou moins rudes. Je ne veux pas argumenter, je n'ai pas de cause à défendre. Je réveille ma vie, c'est tout, je marche le long des années, je raconte mes paysages, je n'ai pas d'autre envie, mon fils. Si tu veux te faire une idée de ce que sont, de ce que furent ces gens-là qui me restent chers, lis les livres qui les racontent, il n'en manque pas, pour ou contre, de bonne foi, de mauvais cœur. Je l'ai fait, bien sûr, avant toi. Mon anarchisme, en vérité, fut affaire de convictions, mais aussi de fraternité sans calcul. Elle allait de soi. Nous avions ce désir, qui nous habite tous, de vouloir l'avenir plus beau que le présent. Nous avions de belles idées. Puis le temps est passé sur elles comme un bulldozer de brouillard. Il n'a pas démoli nos rêves, il les a remis à plus tard. Avons-nous été visionnaires ou simplement déraisonnables ? Que reste-t-il de nos espoirs ? Parfois une amertume, parfois un sentiment bienveillant, amical, un feu doux qui ne s'éteint pas. « J'ai vécu cela, se dit-on, et c'était bien. Merci la vie. » J'avoue que je suis fier d'avoir connu ces gens, et plus encore, s'il se peut, qu'ils m'aient accueilli parmi eux. Au *Monde libertaire* on donne la parole aux végétariens, aux nudistes, aux défenseurs des animaux qui s'indignent furieusement des vivisections infligées aux bêtes de laboratoire. On défend la cause des femmes. On réclame le droit au service civil pour les objecteurs de conscience. Pour mémoire, en ces temps de guerre d'Algérie nous sommes tous, vers nos vingt ans, mobilisés « sous les drapeaux », comme ils disent dans les casernes, et l'on nous flanque un uniforme, et que nous le voulions ou pas, on nous expédie à la chasse aux fellaghas dans leurs montagnes. Et cela dure vingt-huit mois. Bénis le temps présent, mon fils, il n'est pas si désagréable.

Je chante mes chansons à mon nouvel ami. Il les apprécie. Il s'étonne. Il semble découvrir un pays inconnu. Il me parle de la soirée qu'organise *Le Monde lib'*, une fois par an, à Paris. Les artistes sympathisants y viennent mouiller leur chemise, Brassens une année, Ferré l'autre, et ceux de l'Écluse ou d'ailleurs, bref des cabarets poétiques estimés du public anar où l'on dit « tu » à son voisin, même si on ne le connaît pas.

– Les copains, quoi, me dit Toto. Et ça se passe à la Mutu.

La Mutualité, vaste salle à meetings, quartier Maubert, pas loin de Monge. Je ne connais Paris que par ceux qui le chantent, et donc je pense au vieux Paul Fort, à son poème aux amoureux : *Premier rendez-vous, square Monge*. Je chanterai à la Mutu, je me le jure, un jour ou l'autre. Peut-être Paul Fort y sera, et André Breton, et Prévert, et le fantôme de Desnos. Mais pour l'instant, le seul désir qui secrètement me gratouille, c'est d'écrire pour le journal. Voir mon nom parmi ceux que je lis chaque mois, faire partie de la famille, voilà qui musclerait mon cœur. J'envoie quelques articles au bureau de Paris, des coups de gueule négligeables mais qui semblent plaire, là-bas. Me voici donc enfin admis chez les chevaliers libertaires.

Cela ne change rien à ma vie d'étudiant, et pourtant des fenêtres s'ouvrent, des désirs nouveaux me remuent. J'accompagne Toto, un dimanche d'avril, à une réunion d'anarchistes espagnols. Il y en a beaucoup à Toulouse, évidemment tous réfugiés de la sale guerre d'Espagne. Je ne sais plus par quels détours Lorca s'invite à nos palabres, mais je m'emballe assez pour proposer à tous d'offrir, sur scène, son théâtre à ceux qui ne lisent jamais. L'idée chemine allègrement. Avant le dernier verre elle arrive à bon port. Nous mettons au monde une troupe d'amateurs hispano-gaulois prêts, le soir, après le travail, à découvrir la vie d'artiste. Parmi eux, Floréal. Il travaille en usine. Il est, je crois, fraiseur, et à peu près inculte. Grosses mains, grosse voix, carrure prolétaire, figure mal taillée mais joviale. Il m'agace. À peu près deux soirs par semaine, dans l'arrière-salle tranquille d'un bistrot de la rue du Taur, nous échangeons des pièces à lire, nous discutons de nos projets. Floréal me pose sans cesse des questions d'ignare, hors sujet. Un soir, tard, vers minuit, sur un pont de Garonne, comme nous revenons sans hâte d'une réunion disputée entre les partisans de Brecht et les amoureux de Lorca, je m'arrête sur le trottoir. Je ne sais de quoi nous parlions, mais je lui dis, la mine haute, comme un petit coq intello :

– Mais enfin, tu n'as pas lu ça ?

Il hausse les épaules, il rit. Il répond :

– Je n'ai pas de livres.

J'en reste bouche ouverte et vaguement honteux. Des livres, moi, j'en ai pas mal. Mes étagères sont modestes, mais ils s'y tiennent disponibles, prêts à parler à qui voudra bien les entendre. Je lui dis que s'il veut les lire, il n'a qu'à venir les chercher. Il n'y croit pas. Il rit encore, puis hoche la tête et me suit. Nous voici à la cité U. Il n'y a jamais mis les pieds. Bâtiment B, sixième étage. Il découvre le long couloir. Je le précède dans ma chambre. Il me dit :

– Tu es bien logé.

Il a l'air tout à coup timide. Je lui désigne mes bouquins. Il sort, en haut à gauche, le premier de son rang. *Aphorismes*, de Lichtenberg. D'un coup d'œil il me dit : « Je peux ? » Je lui réponds que oui, bien sûr. Ainsi commence une amitié d'une cinquantaine d'années.

Floréal, d'un automne à l'autre, méthodiquement, a tout lu. Un livre terminé, il me le rapportait, le remettait en place et prenait le suivant. Il ne m'a presque jamais dit ce qu'il appréciait ou non. Je ne sais pas quel embarras ou quelle crainte de mal dire empêchait désormais ses mots de prendre l'air aussi librement que ces nuits où nous bavardions de théâtre. Un soir de pluie sans parapluie, comme l'on s'attardait chez moi après qu'il m'eut rendu le premier des cinq tomes du théâtre de Giraudoux, il m'a raconté son enfance. À l'écouter, je me suis dit que j'écrirais un jour l'histoire de cet homme qui me parlait, tranquille, et me stupéfiait. Puis le temps est passé, comme dit la rengaine, et je ne l'ai pas fait. Mais non, ce n'est pas vrai, le temps n'est pas passé, il a attendu l'heure, le bon endroit, la bonne oreille. Le moment est enfin venu. C'est ici, en plein dans ma vie, que je dois raconter la sienne.

1936. Franco saigne l'Espagne. Ses très bienveillants alliés : Adolf Hitler, Mussolini. Fascisme contre république. Il n'est pire tuerie qu'une guerre civile. On combat, on massacre, on incendie partout. La révolution libertaire se meurt avant d'avoir vécu. Floréal est chez sa grand-mère. Son père se bat quelque part. Sa mère, il ne m'en parle pas. Il ne fait qu'un geste. Partie. L'aïeule est une catholique aux convictions de plomb massif. Les piliers de son univers : Franco, Jésus, et mort aux rouges. Elle enferme son petit-fils. Un matin, la vieille s'absente. Il ouvre la porte et s'en va. Il doit avoir huit ans. Le voici clandestin dans un camion passant. Il débarque à Madrid. Il n'a rien que ses griffes et ses crocs. Il a faim. Il vit un temps la vie des rats et des bandes d'enfants sauvages. Il se trouve un jour recueilli, ou arrêté, il ne sait pas, par des policiers en maraude. Il se croit bon pour la prison, mais non, les flics l'alignent en rang, parmi une dizaine d'autres, devant un mur ensoleillé. Un couvent de bénédictins. Un refuge pour les perdus. Un grenier-dortoir, une cour. On y nourrit de soupe à l'eau les petits fouilleurs de poubelles. Enfin la paix ? Allons, tu rêves. Ce ne sont, après tout, que des bandits en herbe, des fils de rouges, forcément. Qu'ils aient fauté ou non, les moines tous les jours les confessent et les fouettent. La longue corde à nœuds qui leur sert de ceinture s'abat sur leur cul nu. Floréal s'est fait un ami, un garçon d'à peu près son âge. Quel était son prénom ? Je ne m'en souviens pas, mais je n'ai pas pu oublier ce qu'il m'a dit de son histoire.

Des parents paysans. Des sans-Dieu, des satans. Grand-mère bigote (encore une), tricoteuse de chapelet, Jésus entre les dents et dans les yeux la haine. Elle raconte au petit que son père est le diable. Jour après jour elle le lui crache, elle le lui pleure, elle le lui grince. Le malheureux finit par s'en persuader. Un matin, au champ familial, l'homme se penche sur la terre. Son garçon est derrière lui. Il lève sa pioche et l'abat. Il fend le crâne de son père. Il se retrouve, un an plus tard, sous la corde à nœuds quotidienne des confesseurs bénédictins. Cela dure le temps de préparer la fuite. Une nuit, Floréal décide. On s'en va. Où ? Là-haut, en France. Ni toi sans moi, ni moi sans toi. Quel âge ont-ils ? Onze ou douze ans. Ils parviennent à marches forcées dans une gare frontalière. L'ami se voit libre trop tôt. Il court. On l'arrête, on l'emmène. Floréal parvient à passer.

De ses premiers temps à Toulouse, il ne me dit à peu près rien. Il apprend (où ? Je ne sais pas) à lire et à parler français. S'est-il refait une famille, un foyer, quelque part, chez nous ? Il ne m'en a jamais rien dit. Je l'ai toujours vu solitaire, jamais plaintif, content de tout. Ce que je sais de lui pourrait finir ici, mais non, encore un tour de vie.

Un soir, il vient me voir avec un sac d'affaires, quelques objets, un tourne-disque, cinq ou six albums de chansons, des livres aussi, qu'il s'est offerts. Ce sont là ses trésors, je sais qu'il n'a rien d'autre. Il pose le tout sur la table et dit, l'œil amusé, mais je vois bien qu'il y a des nuages dans l'air :

– Si je ne reviens pas dans dix ou quinze jours, tu gardes tout ça. C'est à toi.

Je m'étonne :

– Où tu vas ?

Il me répond :

– Là-bas.

Je comprends. Il part pour l'Espagne. Il m'a parlé, un jour, d'amis à Barcelone, de réseaux à organiser, des « actions » qu'il fallait aider. Je l'interroge du regard. Il me répond oui de la tête. Il dit :

– Il y a beaucoup à faire.

Je sais qu'il n'en dira pas plus. Je lui demande bêtement de promettre qu'il reviendra.

Huit ou dix jours plus tard, le revoilà, jovial comme à son habitude. Je suis content, il l'est aussi. Il ne me dit rien de « là-bas ». Il m'emprunte un livre nouveau et repart avec ses affaires. Quatre fois au cours de l'année nous rejouons la même scène. Son dernier retour me surprend. Il a quitté Toulouse il y a trois jours à peine. Il me dit :

– Je ne repars plus.

Il hésite un peu à poursuivre, puis :

– J'ai beaucoup pensé à toi, à tes idées sur le hasard.

– « Il n'y a pas de hasard, il n'y a que des rencontres, des rendez-vous », dit Éluard.

Il se tait un moment, il a l'air ennuyé. Il se décide enfin.

– Écoute.

Et il me raconte ceci :

– Nous avions une réunion chez nos amis, à Barcelone. J'y suis arrivé en retard. J'aurais été à l'heure, adieu les Toulousains. La police cernait l'immeuble. Deux flics m'ont repéré. Ils étaient à dix pas. Je suis parti en sens inverse, j'ai lâché mon sac, j'ai couru. Ils m'ont coursé. Un coin de rue, un néon rouge, un cinéma. Personne dans le hall, j'ai foncé droit dedans. Je me suis assis dans le noir. La salle était presque déserte. Quand elle s'est rallumée, à deux fauteuils de moi, je l'ai reconnu, nom de Dieu ! Mon ami, le tueur de père ! Il m'a dit : « Qu'est-ce que tu fais là ? » Je n'ai même pas eu le temps d'ouvrir la bouche pour répondre. Il m'a attrapé les épaules, je l'ai étouffé contre moi. Je ne savais pas où aller. Je lui ai dit : « J'ai besoin d'aide. » C'est grâce à lui si je suis là. Nous sommes sortis sans souci, bras dessus, bras dessous, en frères. Il avait passé au couvent les dernières années de guerre, puis on l'avait flanqué dehors. Comment était-il devenu ce jeune homme au costume triste, à la cravate sage, à la nuque rasée ? Il m'a dit simplement qu'il était maintenant voyageur de commerce. Il vendait de la literie, des oreillers, des matelas. Ce que je faisais en Espagne, il n'a pas voulu le savoir, mais il a compris l'essentiel. Je devais m'enfuir au plus vite. Il avait (il en était fier) une vieille grosse voiture. Nous sommes partis à la nuit. Il a voulu absolument franchir avec moi la frontière. Il m'a lâché à Perpignan. Nous avons peu parlé en route, nous n'avions plus rien en commun, nous en étions gênés, je crois. Bref, pour dire la vérité, je n'ai vraiment respiré libre que lui parti, et pour toujours.

Il rit pour ne pas s'émouvoir. Nous demeurons longtemps pensifs, puis nous bavardons de babioles, faute de pouvoir faire mieux.

Du jour où Floréal s'est mis à la lecture au soir de son dernier retour, à peu près deux ans sont passés. J'ai conté son histoire, emporté par l'élan, et j'ai laissé m'attendre, au bord de ces années, des souvenirs peuplés d'événements intimes, de découvertes, d'amitiés. Il me faut donc, avant de reprendre ma route, rebrousser le chemin du temps.

Étienne, Rose et la grand-mère qui ne parle que catalan (sa seule façon militante de rester fidèle au pays) se sont pris d'amitié pour moi. Je ne me souviens pas où je les ai connus. Sans doute à la fête annuelle du comité de réfugiés où Floréal m'avait poussé à chanter des chansons sociales dans le brouhaha bienveillant de ces sortes de réunions. Quand la tambouille industrielle du restau universitaire me décourage, et c'est souvent, je débarque chez eux sur le coup de midi. Je ne préviens pas, peu importe, je me sens toujours bienvenu. Rose, discrètement, en mère de famille, ajoute à la table un couvert, et nous partageons le repas en parlant d'amis et de livres. Encore de ces êtres rares qui donnent sans rien demander. Comme m'a dit un jour un homme du désert, « le meilleur pain, c'est la bonté ».

Chez Étienne et Rose vit Pierre, un gaillard aux larges épaules, au beau regard bleu, amical. Il sort de cinq ans de prison. Il n'a nulle part où aller. Il ne s'en plaint pas, il vit simple. C'est un admirable voleur, je dirai pourquoi tout à l'heure. Je suis à ses yeux vifs un apprenti savant, un de ces êtres sans fortune qui cultivent l'art d'étudier, donc un fragile à protéger. Le dimanche matin, parfois, je l'accompagne à Saint-Sernin, à la sortie de la grand-messe. Je reste à l'écart, je l'observe. Il va parmi les gens, salue les vieilles dames, propose à la criée *Le Monde libertaire* aux paroissiens surpris. Surtout il parle, aux uns, aux autres, de Jésus, l'Ami, l'Homme-Amour, le grand patron des anarchistes, et il fait la quête pour Lui, il Le désigne aux gens, les retient par la manche. Il leur dit que ce mendigot affalé dans l'ombre du seuil entre sa bouteille et son chien, c'est Lui, et s'Il vous tend la main, ce n'est pas pour vous prendre un sou, c'est pour vous sortir de vos trous, de vos froideurs, de vos grisailles.

– Vous ne l'avez pas reconnu ?

Il récolte toujours quelques brins de monnaie, il va les fourrer dans la main du vieil ivrogne rigolard, et nous repartons par les rues en brandissant notre journal sous le nez des passants craintifs.

Mes études vont, monotones, intermittentes, solitaires. Je ne suis pas chez moi parmi les étudiants de la vieillotte fac de lettres, tous futurs professeurs (car ils se voient ainsi, embahutés d'avance). Si je parle avec l'un ou l'autre de mes passions, de mes projets, je reste évasif, ou muet. Mon rêve est impossible à dire. Je veux être de ceux qui réveillent les cœurs, qui allègent les âmes lourdes. Avouer cela ? Impossible. Je me sentirais ridicule. On me plaindrait, probablement.

Je découvre René Daumal. Sa voix résonne en moi profond, ses certitudes m'impressionnent. J'ai trouvé un livre de lui, soldé à l'étal d'un libraire : *Le Mont Analogue*, roman. Un chef-d'œuvre. Son prix : un franc. Je le lis sans reprendre haleine, j'en oublie la nuit qui s'en va. J'en sors tourneboulé. J'explore donc son œuvre. Je déniche un texte de lui. Titre : *Nerval le nyctalope*. Il est trop exalté, trop solennel peut-être pour que je m'y sente chez moi, sauf que mon œil s'allume au détour d'un feuillet. J'apprends, précisément décrit, le moyen de sortir quand je veux de mon corps. L'idée, largement répandue chez les explorateurs mystiques, est que l'esprit, ou la conscience, n'est pas un produit du cerveau. Il peut vivre sa vie au large de nos crânes.

Je suis un piètre philosophe. L'abstrait sans chair autour m'a toujours rebuté. Par contre, quand je peux, j'explore, je m'aventure, je me risque. C'est la façon qui me convient de franchir les bornes communes et de goûter un savoir neuf, quoique parfois inexprimable. Daumal m'explique donc comment il m'est possible d'aller et venir où je veux sans m'encombrer de ma carcasse. C'est tout simple, mais difficile. Il y faut de l'obstination. On se couche, une nuit, comme tout un chacun. On se détend, muscle après muscle. On respire profond, on apaise son cœur. Et puis on imagine. On se voit se lever, s'habiller comme à l'ordinaire, sans hâte, ne rien oublier, passer son pantalon, enfiler sa chemise, se chausser, nouer ses lacets, aller dans le détail des gestes, surtout ne pas s'impatienter. Quatre fois sur cinq on s'endort avant d'avoir mis ses chaussettes. Mais si l'on est assez constant, il peut arriver tout soudain qu'on se retrouve dans sa chambre, flottant dans un coin du plafond, à regarder son corps couché.

Vient le soir où je me décide. Je préviens Toto Prévôtel. Il sourit de ma fermeté de conquérant de l'Éverest, mais je le sens mobilisé. Toto est un scientifique, il lui faut du concret bétonné d'équations. Il est prêt à prendre des notes. Il me dit, vaguement inquiet :

– Ne va pas trop loin, tout de même.

Passent des nuits sans rien qui vaille. Devant son café matinal :

– Quoi de neuf ? me dit mon ami, l'air discrètement ironique.

Je lui réponds :

– J'y arriverai.

Je m'applique, mais je fatigue. Je n'y crois plus. Je me résigne, mais non, de fait, je me détends. C'est ce qu'il fallait, à vrai dire, car voilà qu'une nuit, tout à coup, le couloir. Devant moi sa pauvre lumière, son long alignement de portes jusqu'au fin fond du bâtiment. Je ne rêve pas, j'en suis sûr. Je suis debout, quoique sans corps. Pas un bruit, tout le monde dort. Je m'étonne de me voir là, puis brusquement : « J'ai réussi ! » Bref instant de désordre intense, de triomphe mêlé d'effroi. Je me retrouve dans mon lit, à respirer malaisément. Je m'assieds, je me palpe et je m'apaise enfin. Je me sens plutôt rassuré d'avoir retrouvé ma carcasse. Évidemment, le lendemain, j'arrive au petit déjeuner avec une tranquillité modeste qui ne trompe pas mon ami. Il me dit, l'œil pointu :

– Raconte.

Il m'écoute, puis :

– Rien ne prouve que tu n'as pas halluciné. Pas de témoin, pas de rencontre. D'un point de vue scientifique, désolé, ta barque prend l'eau.

Il a raison, mais je m'en moque. Je sais, moi, ce que j'ai vécu.

Presque un demi-siècle plus tard, j'en parle à Luis. Il fait la moue. Il ne prend même pas la peine de mettre en doute mon « exploit ».

– Vous avez été imprudent, me dit-il, mais heureusement, vous n'avez pas traîné dehors. N'importe quoi, n'importe qui, esprits, entités, ectoplasmes, flottent sans cesse autour de nous. Pendant que vous batifoliez, l'un ou l'autre de ces passants aurait pu squatter votre corps. Vous en auriez été salement pollué. Ne jamais sortir de chez soi sans qu'un ami, un vrai, ne garde la maison. C'est une règle élémentaire.

Je lui demande si lui-même a quelquefois quitté sa peau. Il me répond que oui, que c'est parfois pratique, s'il faut voyager loin pour secourir quelqu'un. J'avais ce jour-là des questions d'une autre sorte à lui poser. Nous avons changé de sujet.

Je ne crois qu'à moitié aux squatters invisibles, mais sait-on jamais, après tout ? La vie est plus inattendue qu'on ne saurait l'imaginer. Par prudence peut-être, ou manque d'occasion, je n'ai jamais tenté de rejouer ma fugue. Je me suis convaincu, à tort ou à raison, que j'en avais appris assez. Ma religion sans bible, sans église, sans dieu est depuis ce temps celle-ci : mon corps est une cage, j'en sortirai un jour. Pour aller où ? Je ne sais pas. Mais dans ces mots, « je ne sais pas », je me plais parfois à flairer l'immensité d'un univers indiciblement prodigieux.

C'est après ma deuxième année de cité universitaire que j'épouse Monique, un jour d'été, en coup de vent. Elle est depuis peu fonctionnaire à l'inspection d'académie. Pour être mutée à Toulouse il lui faut, c'est la loi, un mari toulousain. Or, nous sommes tous deux mécréants, libertaires et partisans de l'union libre, belle et juste façon de désigner l'état d'un duo d'amoureux, mais l'ordre des choses, en ces temps, préfère un mariage légal. Nous nous épousons donc sans noce, sans parents, sans couronnes ni fleurs. Deux copains témoins, la mairie, et bonjour, bonsoir, on s'en va. Consternation de la famille. Passons. Nous voici toulousains.

Je ne sais plus comment nous avons déniché ce grenier au plafond pentu tant bien que mal aménagé en appartement sans fenêtres. Le fait est que c'est là-dedans que nous posons notre barda. Nous disposons d'une cuisine au robinet d'eau bronchitique, de deux pièces à peine meublées et de deux vasistas aux vitres grillagées. Je ne me souviens pas avoir jamais pensé que nous étions à plaindre. Nos amis viennent volontiers partager nos platées de pâtes, et quand nous passons vite fait saluer les Étienne-Rose, c'est pour y rester à dîner. C'est au cours d'un de ces repas (nous bavardons sans queue ni tête) que Pierre nous demande s'il ne nous manque rien. Il aimerait nous faire un cadeau de mariage. Nous savons qu'il est sans le sou. Nous lui répondons plaisamment de ne pas s'en préoccuper, que nous n'avons besoin de rien, sauf de matériel de cuisine, mais qu'on s'en passe sans souci. Il nous fait un clin d'œil. Il dit :

– Je m'en occupe.

Il paraît avoir une idée, mais je ne vois pas bien laquelle. Peu importe, nous repartons en conversations anodines.

Quelques jours passent. Un soir, sur le coup de minuit, cognements soudains à la porte. Tandis que j'hésite à bouger, la voix de Pierre :

– Ouvre, c'est lourd.

Étienne est là aussi. Tous les deux sont hilares. Ils portent deux gros emballages qui leur montent jusqu'au menton.

– On peut entrer ?

Ils entrent, ils déposent, essoufflés, leur fardeau sur la table.

– Cadeau de mariage, dit Pierre.

Il ouvre les cartons en deux coups de canif. Je le regarde, époustouflé, sortir d'un fouillis de papiers une cafetière électrique, un mini-poste-transistor, une poêle et six casseroles, une cocotte, un grille-pain, un mixeur, un presse-citron, bref de quoi changer la cuisine en vitrine de quincaillier. Monique, ébahie :

– Ils sont fous.

Le cœur emballé, je bafouille :

– Où avez-vous trouvé tout ça ?

– Récupération, dit Étienne.

Pierre était vraiment le voleur le plus respectable qui soit. Prendre aux riches et donner aux pauvres était son unique évangile. Tout pour les autres, rien pour lui. C'était son honnête façon de faire de la politique. Cette nuit-là, dans mon grenier, Robin des Bois est mon ami. L'enfant que je suis en est fier. Quand tout est déballé, tout rangé, épilogue :

– Je boirais bien un coup, dit-il.

Je n'ai plus devant moi qu'une année de sursis. L'Algérie est encore en feu. Je ne peux pas envisager de revêtir un uniforme et de tirer sur des vivants. Je sens venir des soucis lourds, mais pour l'instant, grande nouvelle, Toto, Monique et moi, nous « montons » à Paris. C'est bientôt la soirée du *Monde libertaire*. Je vais chanter à la Mutu.

5

Toulouse-Paris. Train de nuit. Huit heures de monotonie, de somnolence en pointillé, de rêveries, de noms de gares articulés loin sur le quai par des haut-parleurs égarés dans les bruits de locomotive. Je revois ce premier voyage comme un vieux film en noir et blanc. Nous sommes huit, porte fermée, dans un compartiment six places (on a oublié, aujourd'hui, l'incommodité des wagons, du moins pour les porteurs de valises en carton). Un steward à clochette passe dans le couloir. D'un ton de maraîcher soldeur il annonce un dernier service au wagon-restaurant des riches. Car il y a deux sortes de gens dans ces vieux trains fantasmatiques : ceux qui dînent dans la vaisselle du *Crime de l'Orient-Express*, et ceux qui casse-croûtent et tètent le goulot avant de passer la bouteille. On dirait que le populo attendait lui aussi le tintouin du grelot pour se décider à manger. Autour de moi les gens ouvrent sur les genoux leur serviette à carreaux, leur thermos de café, leurs sandwichs au jambon. L'odeur de renfermé se mêle aux relents de mangeaille froide. Je n'en suis pas incommodé, je suis ailleurs, je vogue au-dessus des nuages, je respire l'air des sommets, tout le monde m'est sympathique. Je chante demain à Paris.

C'est Toto Prévôtel qui a tout arrangé. Nous avons rendez-vous le soir même à Montmartre, avec « les copains du journal », dans un bistrot au nom canaille : les Assassins. M'y voici donc. Chaleur moite, fumée, odeur de vieilles choses. Il déborde de gens pour l'instant attentifs. Dans la lumière tamisée par un lourd brouillard de tabac, un homme est là debout au milieu des assis. Comme nous franchissons le seuil, il finit de lire un poème. Sa feuille entre ses doigts tremblote. Il ne voit personne. Il m'émeut. C'est Maurice Laisant, poète et libertaire. Applaudissements amicaux, le brouhaha refait surface. Laisant vient le premier vers moi. Poignée de main franche, musclée, petite tape sur l'épaule. Et voici Maurice Joyeux, le patron du journal, pardon : son éditorialiste, et puisqu'il en faut un, son rédacteur en chef. Il est libraire rue Lamarck. Son Château des brouillards est un capharnaüm où quelques intelligents pauvres viennent dévorer sans vergogne des livres qu'ils n'achètent pas. Il paraît que Camus aime y venir fouiner.

– Salut, ma p'tit' vieille. Assieds-toi.

À chacune de nos rencontres, mi-attendri, mi-rigolard, il m'a toujours nommé ainsi. Nous parlons de je ne sais quoi, puis :

– On t'écoute, ma p'tit' vieille.

Je déshabille ma guitare. Je chante une chanson, deux, trois. Beau silence, puis une voix, venue je ne sais d'où, dans l'ombre :

– Respect, l'artiste, t'es un bon !

Je me sens soudain épuisé. J'ai envie d'être seul, de retrouver la paix de mon désert intime après le brouhaha des encouragements et des tapes sur l'omoplate. Cela sera souvent ainsi, plus tard, après mon heure en scène. À l'instant de nous séparer, Maurice, ma main dans la sienne :

– Si t'es dans le besoin, n'oublie pas, ma p'tit' vieille, y aura toujours un bol de soupe pour toi à la maison Joyeux.

J'ai le sentiment, aujourd'hui encore, que de toute ma vie on ne m'a jamais dit de plus émouvantes paroles. J'en ai presque la larme à l'œil. C'est sans doute en souvenir d'elles que j'ai toujours été fidèle à l'amitié des Assassins.

Le lendemain dimanche, quinze heures, la Mutu. Une infatigable angoissée va et vient d'une loge à l'autre. Suzy Chevet, l'ordonnatrice des festivités libertaires. Elle accueille l'un dans ses bras, s'inquiète du retard d'un autre. Pour la première fois ni Brassens ni Ferré ne sont au programme. Qu'importe. Je suis trop encombré de tremblements fiévreux pour en être déçu. Je crois même que je préfère qu'ils ne puissent pas m'écouter, tant je me sens insuffisant. Curieusement, j'ai oublié qui les remplace ce jour-là. Je ne revois que deux artistes dans la brume du souvenir. Jean Yanne, encore peu connu, qui interprète, imperturbable, des javas anticléricales, et Léo Noël, sous son melon gris, qui chante *Le Temps des cerises* accompagné comme autrefois, quand il était chanteur des rues, de son orgue de Barbarie. Monique et Toto Prévôtel me laissent seul dans la coulisse. C'est bientôt l'heure. Ils vont s'asseoir parmi les trois mille visages qui me semblent attendre leur proie, tapis dans l'ombre remuante. Voici l'instant terrifiant. Suzy me souffle :

– Trois chansons. N'aie pas peur, vas-y de bon cœur.

Elle me présente à l'assemblée. Je ne sais pas ce qu'elle raconte mais c'est sans doute assez touchant pour que la salle m'applaudisse tandis que je sors des coulisses et que je marche comme en songe vers le micro, là-bas, si loin. Les projecteurs soudain m'aveuglent. Je n'avais pas prévu cela. Je n'ai pas peur. Je ne sens rien. Je navigue dans un vertige où je m'entends chanter dans un pays lointain. Je suis là et ne suis pas là, je me sens terriblement seul, perdu dans une nuit sans bornes. Mes chansons vont sans moi, la troisième s'achève, je me recule enfin, je retrouve mon corps, je quitte la scène à tâtons, les yeux brûlés par les soleils qui se dissipent peu à peu. Dans la coulisse, on va, on vient. Apparemment, personne, ici, ne s'est soucié de m'entendre. Suzy est déjà sur la scène à présenter je ne sais qui. Elle s'en revient.

– C'était très bien.

Elle s'affaire, elle a l'œil partout, j'hésite à la croire sincère.

– Tu as vu Léo ? me dit-elle.

Je lui réponds que non. Elle me prend par la main, m'entraîne vers les loges. Léo Noël est là, à ranger ses affaires, son costume gris perle et son chapeau melon. Elle lui dit :

– Faut que tu l'écoutes.

Léo me jette un coup d'œil bleu.

– Eh bien, me dit-il, viens ce soir. Après le spectacle, entre amis, tu nous chanteras tes bricoles.

Mes oreilles à nouveau bourdonnent, et mon cœur repart au galop.

Léo Noël est le patron d'un cabaret cent fois rêvé, au temps où j'écoutais la radio en couleur. Léo Ferré y fut pianiste, Jacques Brel y a débuté, Barbara tous les soirs y chante, Ricet Barrier aussi, le délicieux Ricet aux facéties savantes que la gloire attendra toujours, et tant d'autres chanteurs, parleurs ébouriffants, illusionnistes poétiques, fameux ou pas, inoubliables. L'Écluse, rive gauche, quai des Grands-Augustins, vous ne devinerez jamais, merci Suzy, ce soir, j'y chante. Toto Prévôtel, ébahi :

– Et s'il t'engage, tu fais quoi ?

Monique, d'un air d'évidence :

– On cherche une chambre pas chère.

Demain est dans un autre monde. Je ne vois pas plus loin que cette nuit qui vient.

Un tableau noir pendu à la porte vitrée. Les noms au programme y figurent, inscrits sobrement à la craie. Le spectacle est à onze heures. Il n'est pas dix heures et demie. Nous entrons. Lumière orangée. Le bar, le long du mur, à droite. Au fond, la scène. Minuscule. À sa gauche, un piano banal. Elle est tout juste assez profonde pour qu'il s'y tienne de profil. Elle est décorée d'un filet, d'une bouée de sauvetage, d'un casque de scaphandrier. La salle est longue mais étroite. Elle ne peut contenir à son heure de pointe qu'une soixantaine de gens, pas trop corpulents si possible. Je m'étonne qu'un lieu si simple et si petit éveille en moi d'aussi beaux rêves. Il s'emplit peu à peu de gens aux bonnes têtes. Deux heures de spectacle. Il m'émerveille tant que je n'applaudis pas, je n'y pense pas, je jubile. C'est parmi ces gens-là, j'en suis sûr désormais, que je veux construire ma vie.

Une heure du matin, repos des saltimbanques. La salle, peu à peu, comme à regret, se vide. Les spectateurs partis, la porte refermée, commence la soirée de ceux qui parlent fort. Voici Charles Denner, Rochefort et Noiret, les deux inséparables, et Albert Vidalie, alias le Grand Albert, l'écrivain de chansons, le raconteur d'histoires, et quelques autres comédiens qui sortent à l'instant des théâtres où ils ont donné de la voix. L'Écluse est leur port de pirates, ils aiment y venir boire un coup après leur service d'artistes. Ils ouvrent leur col de chemise, ils font du bruit, bien sûr, ils plaisantent de tout et moi j'attends Léo Noël, ma guitare entre les genoux. Il bavarde un moment avec les jeunes fous, je crains qu'il ne m'ait oublié, mais non, il recule sa chaise, il vient à moi, sans hâte, et me dit :

– On y va ?

Je respire profond. Je grimpe à l'échafaud. Il lance :

– Silence, les gars !

Aussitôt, plus le moindre mot. La scène, ils savent ce que c'est. Tous un jour ont joué leur avenir possible comme je vais le faire, à l'instant, devant eux. Ils écoutent mes trois chansons, puis :

– C'est bon, merci, dit Léo.

Je redescends sur terre. On m'invite à m'asseoir parmi les gens du bord. On m'accueille avec bienveillance, on me demande d'où je viens. L'un d'eux me dit :

– T'es catalan ?

Je lui réponds que pas du tout. Il insiste, il prévient les autres :

– C'est un Catalan. Comme moi.

J'interroge Léo de l'œil. Seul m'importe son jugement. Il me dit enfin :

– Viens par là.

Il va s'asseoir près de la scène. Je prends place à côté de lui. Il reste un long moment pensif, puis il me dit :

– T'as un métier ?

Je lui réponds que non, que je suis étudiant, que je suis bien parti (ou mal, je ne sais pas) pour être prof de lettres, mais que j'aimerais mieux écrire des chansons. Il se tait encore longtemps. Je n'ose pas le regarder. J'ajoute enfin malaisément que je ne veux rien qu'un conseil, un encouragement peut-être s'il m'estime capable de devenir un jour je ne sais pas trop quoi, le mot craint de sortir de ma bouche, il se cache. Alors il me tape l'épaule, hoche la tête et dit :

– Sois prof.

Il s'en revient à ses amis, et je m'en retourne aux deux miens. Je m'entends leur dire :

– On s'en va.

Pas de questions. Ils ont compris. Nous sortons, muets, le front bas, à peine un bonsoir de la main. À l'instant de passer la porte, juste un mot :

– Salut, Catalan !

Je me souviens du quai désert, du fantôme de Notre-Dame dans le brouillard du petit jour, de la fraîcheur revigorante et d'un je-ne-sais-quoi dans l'air qui faisait du bien à mon cœur.

1959. Nous déménageons à Lyon. Raymond Busquet, poète, jeune prof d'espagnol, est entré dans ma vie par une porte ouverte sur le plein soleil du mois d'août. Il est, c'est sa nature, chef d'orchestre d'amis. Ils sont autour de lui sept à huit pèlerins faiseurs de belles choses, entre autres Albert Duraz, créateur de bijoux-sculptures, Émile Savoy, photographe, Roger Rivière, auteur de poèmes savants, ironiste discret, lecteur infatigable. Un marionnettiste ambulant, frère de cœur du roi Raymond, m'a présenté ces bonnes gens : Paul Strami, naïf magnifique, magicien du chiffon parleur et convive content de tout. Pour sa dernière féerie j'ai troussé, paroles et musique, une ballade de trois sous qui a eu au moins le mérite de nous faire amis éternels. Des journées au bord de la mer aux nuits autour des feux gitans nous avons passé nos vacances à fêter semaine et dimanche des anniversaires fictifs mais copieusement ripailleurs.

Retour un instant sur mes pas. Après mon fiasco parisien, ai-je vraiment désespéré ? Je ne m'en souviens presque pas. Seuls me restent des pointillés. J'ai cessé d'écrire un moment, j'ai repris mes molles études. En vérité je ne fus rien, deux ou trois semaines durant, qu'une salle des pas perdus. Et puis l'ardeur m'est revenue. Bref, je me suis remis à musiquer mes vers. Et donc, cet été-là, me voilà requinqué. Je fais bombance de baignades, d'insouciance, d'amitié. J'écris quelques chansons nouvelles. Mes compagnons les apprécient. Ils estiment hautement, et je leur fais confiance, que mon père Noël de banlieue est sourd, ou sénile, ou les deux. Ils nous poussent, Monique et moi, à nous installer à Lyon où sont des théâtreux dont j'ignore le nom mais qui sont, à ce qu'ils en disent, les futurs héros de l'art neuf, Roger Planchon à Villeurbanne, Marcel Maréchal au Cothurne, petite salle humide et grise où il réveille tous les soirs des œuvres d'auteurs peu connus, et donc forcément passionnantes. Je n'ai plus qu'un an de licence avant le redouté service militaire. Autant le vivre joliment entre mes stimulants compères et mes études à mettre à jour. Raymond nous trouve un logement à quelques maisons de chez lui. Septembre. La rentrée des classes. Je me souviens d'un grand beau temps. Et voilà que le ciel s'endeuille. Notre nouvelle vie trébuche sur un malheur inattendu.

Roger Rivière parlait peu. Il lisait partout, même sur les plages. Un jour, à trois pas de la mer, affalé sur le ventre il ferme son bouquin, pose la main sur lui et dit négligemment, tandis qu'autour de lui quelques enfants s'aspergent :

– Je le finis, et je me tue.

L'un d'entre nous ricane. On n'en croit rien, bien sûr. On le pousse à quitter le sable, à courir à l'eau avec nous. Il nous suit. C'est un bon nageur. Il s'éloigne seul vers le large. Il revient le dernier au sec. On parle de mille bricoles, ses quelques mots sont oubliés, si tant est qu'on ait entendu autre chose qu'un grincement. Ils ne nous reviennent à l'esprit que ce jour de rentrée des classes, sur le trottoir, devant sa porte où nous tremblons de froid sous le soleil radieux. Roger s'est suicidé. Pourquoi ? Dix réponses, pas de réponse. Je pense au livre qu'il lisait. *La Gana*, de Jean Douassot. La gana, paraît-il, c'est la gadoue, la boue. Je ne connais pas Douassot, je n'ai jamais voulu le lire. Roger l'a lu, et s'est tué. Je ne dis pas que sa lecture aurait dû le garder vivant, et pourtant à quoi bon écrire, si ce n'est pour servir la vie ? Question intime, peu sortable, trop facile à railler mais qu'importe, après tout, chacun fait avec ce qu'il est, je ne la pose qu'à moi-même.

Jean Douassot, Roger Rivière, deux noms obstinément agrippés à ma vie, deux fantômes debout dans ma forêt secrète, ni douloureux ni malveillants. Ils m'ont planté devant ce choix inévitable : « Tu veux écrire ? Soit. À qui ? Et pour quoi dire ? Tu sais raconter des histoires, trousser d'agréables chansons. Tu ne vaux pas plus cher que le commun des gens, mais tu sais faire, avec des mots, en bon artisan, des images, tu as appris à cultiver cette force qui donne vie à ce qui te vient à l'esprit. Que vas-tu faire, maintenant, de ton métier de bon parleur ? Tu n'ignores pas que les mots peuvent être, selon qui parle, des armes lourdes ou des cadeaux, des êtres aimants ou des monstres. Ils peuvent convaincre ou mentir, sauver des gens, pousser au crime. Que vas-tu faire d'eux, dis-nous ? Quelle cause vont-ils servir ? » À l'instant de quitter la maison familiale, mon grand-père m'a dit :

– Tu veux faire l'artiste ? Si c'est ton choix, va, chante, écris, mais n'oublie jamais d'où tu viens.

Sous-entendu : « Tu viens du peuple. » Pas la peine d'en dire plus. J'ai fait ce que j'ai pu pour qu'il soit fier de moi, mais je n'ai jamais eu la fibre militante. Je ne suis partisan de rien, sauf de la vie. De fait, à tort ou à raison, j'en ai toujours voulu au pauvre Douassot de n'avoir pas sauvé Rivière, de n'avoir pas au moins tenté de l'arracher à sa détresse. C'est en tout cas après ce jour où nous avons jeté notre poignée de terre sur le cercueil de notre ami que j'ai su, à coup sûr, quel était mon chemin. « Je ne servirai que la vie », voilà ce que je me suis dit. Bien sûr, je me suis répondu que mon programme était aussi pompeux que vague, que je ne savais même pas ce que j'entendais par ce mot. La vie ! Trois lettres et tant de vent, tant de baudruches, tant d'embrouilles, tant de sens pour ne dire rien ! J'ai donc précisé, pour moi seul, aussi clairement que possible, ce que je voulais en secret (j'ai toujours eu mes lois cachées) : « Dire ce que j'estime juste, stimulant, joyeusement vrai, ne jamais succomber au désenchantement, cultiver cette foi sans dieu qui fait la vigueur des poètes. Allumer le désir d'aller jusqu'à demain, encore un jour, encore un miracle possible. Être de ceux qui disent, contre toute raison : "S'il reste du blé à semer la veille de la fin du monde, fais ce que tu dois. Sème-le." »

Bien sûr, je peux désespérer. Je ne suis pas inoxydable. Je peux me dire, par temps froid : « Tu t'es trompé, pauvre paillasse, la vie n'est pas ce que tu crois, elle n'est finalement rien d'autre qu'une traversée de l'enfer. Question : que faire alors ? Réponse : tu te tais. Ne jamais ajouter ton grain de désespoir au désespoir du monde. Et surtout ne jamais te plaindre. C'est affaire de dignité. Ou tu te bats, ou tu t'éloignes. Tu rentres dans ton trou et tu attends la mort. Ou la vie. Elle revient toujours par la fenêtre, même entre les volets fermés. Pense à ce que disait Brassens à une jeune journaliste aussi intimidée que lui : "Si ma chanson, deux, trois minutes, peut faire oublier à quelqu'un son mal de vivre, son chagrin, je ne suis pas venu pour rien." » Pas besoin de voir grand pour être à la hauteur. Servir la vie, en vérité, n'est même pas une ambition, ce n'est rien de plus qu'un élan, une déraisonnable envie de n'être pas venu pour rien.

Je ne sais pas comment se goupille l'affaire, mais je suis invité, un soir, à chanter une heure durant dans ce théâtre du Cothurne où règne Marcel Maréchal. Le public ? Amical. Aimablement patient. Je crois même aujourd'hui qu'il fut d'une indulgence méritoire. Seuls m'accompagnent pauvrement trois ou quatre accords de guitare. Je me sens gauche, laborieux, ma voix manque d'autorité et mon corps (je ne sais qu'en faire) me dit à tout bout de chanson qu'il préférerait être ailleurs. Une heure de concert, c'est long. J'en sors content d'avoir fini. Je rejoins mes joyeux apôtres dans la salle à peu près vidée. Ils ont l'air fiers. Belle soirée, embrassades de bons amis. Comme nous retrouvons la rue, sa brume et son trottoir mouillé, Paul Strami, le marionnettiste, me présente monsieur Robba, un indiscutable gitan patron d'un cirque familial qui circule dans la région, de gros bourgs en petites villes. Strami, l'après-midi, à la ménagerie, présente aux enfants de l'endroit son petit théâtre à ficelles. Le soir, sous le grand chapiteau, me dit-il, les mains envolées, spectacle à l'ancienne, trapèze, fanfare, clown, acrobaties. Mon regard sans doute surpris le pousse à presser le tempo. Que vient faire ici, au Cothurne, ce surprenant cow-boy de foire aux rouflaquettes biseautées ? Strami m'explique avec son ordinaire entrain que le vieux cirque est moribond, que monsieur Robba s'en rend compte, et qu'il veut le moderniser. Comment ? En engageant, par exemple, un chanteur. Voilà qui ravigoterait les couleurs de l'art de la piste.

– Qu'en penses-tu ? dit mon ami.

Et le gitan :

– Je te préviens. Je paie, mais pas comme à Paris. Je n'ai jamais appris à lire, mais compter, n'aie pas peur, je sais.

Vigoureux hochement de tête. Regard bleu. Cet homme me plaît.

C'est ainsi que le même jour je m'inscris à la fac de lettres où je dois finir ma licence et me voici venu au rendez-vous sans heure (« Passe donc dans l'après-midi ») sur un terrain vague à Caluire, Rhône, où des costauds de mauvais poil s'échinent autour du chapiteau affalé parmi les camions. Robba m'accueille en haut des marches de sa caravane allemande aussi longue qu'un autobus. Sa femme est là, derrière lui, une bonne mère italienne rondouillette d'un peu partout. Elle fait la cuisine : des pâtes, sauce tomate et viande hachée. Je pressens dès ce premier jour que je n'aurai pas d'autre choix. Même assiettée pour tout le monde servie midi et soir par l'épouse du chef.

Les artistes ? Tous des Robba. Je ne les connais pas encore mais les voici, soudain vivants, dès que j'allume ma mémoire. Présentations. La fille aînée, Fernande, alias Miss Salvador (fleur dans ses cheveux blonds et maillot de bain rose), tous les soirs se balance en trapèze volant dans les hauteurs du chapiteau. Elle n'est pas la poupée Barbie qu'elle paraît être, vue de loin. Au côté de son père elle est la vraie patronne. Le premier fils, douze ans, pas plus, fait l'acrobate en monocycle. Qu'il oublie une virevolte ou tombe devant son public, son père, au centre de la piste, dès le spectacle terminé, le force à refaire ses tours et le relève à coups de fouet, s'il perd encore les pédales. Il en pleure parfois, pas de douleur, de rage. Il serre les dents, il se tait. Il subit tout la tête haute. Le fouet, redoutable et précis, inséparable de la pogne de l'impitoyable patron qui veille à tout, de l'aube au soir. Son numéro, clou du spectacle : sa deuxième fille, Josiane, freluquette à peine sortie des jupes de sa grosse mère, se plante à deux pas du public. Quoi qu'il arrive, elle doit sourire. Elle tient un journal grand ouvert, à bout de bras, devant sa vaillante frimousse. Robba, sur la rive opposée, d'un claquement de fouet le tranche en parts égales. Au tour de la moitié de feuille de se faire rapetisser. Ainsi jusqu'à ce que ne reste, au bout des doigts de la petite, qu'un dernier lambeau de papier. Il arrive alors que le fouet cingle un index, un bord de pouce. Au moindre geste de recul, au moindre plissement de nez, engueulade et règle intangible : Josiane est privée de dîner. Restent deux bouts d'enfants agrippés à leur mère que le patron, parfois, joue à lancer en l'air, à rattraper devant sa face de faux ogre et à serrer contre son cœur. Seuls étrangers à la famille : moi-même, Strami et le clown, un vieux bonhomme taciturne qui ne parle qu'à son miroir, tandis qu'il se peint la figure.

Me voici donc chanteur de cirque, unique exemplaire, sans doute, de ce drôle de métier-là. Je passe après Miss Salvador. Premier soir à Caluire. J'entre en piste habillé normal. Ce n'est pas l'habitude au cirque, où le moindre des numéros s'embellit au moins de paillettes. Je sens les gens déconcertés. Je crois qu'ils attendaient un clown. Un enfant pleurniche, on murmure, on déshabille des bonbons, on se demande qui je suis. Je n'entends pas, mais je devine. Un imposteur ? Un remplaçant ? Peut-être espère-t-on (que sais-je ?) un lapin, un bouquet de fleurs, un pigeon évadé d'un accord de guitare. Hélas, je chante, rien de plus. Fin de l'épreuve. On bat des mains, de-ci de-là, par habitude. Je sors. Robba ne me dit rien. Je crains le licenciement sec. Mais non. Comme nous finissons la bouteille de vin, après les pâtes à la tomate, il hésite un moment puis il me dit :

– C'est bien.

Et comme s'il risquait un aveu impudique, le regard loin :

– C'est poétique.

Une vingtaine de soirées, au fil de l'an, je fais l'artiste sous le chapiteau familial. Les applaudissements qui me pleuvent dessus ne couvrent même pas les bruits de la coulisse, mais personne ne songe à railler mes fiascos.

Chacun n'est occupé que de son seul boulot. L'après-midi, sur les gradins, tandis qu'autour de nous s'affairent ses « voyous » (ainsi appelle-t-il la bande de barbares ramassés pour un jour ou deux qu'il emploie aux travaux de force), j'aime parler avec Robba. J'apprends qu'il est croyant, qu'il n'aime rien au monde autant que ses enfants, qu'il donnerait sa vie pour eux et qu'il sait le moyen (tous les gitans le savent !) d'éviter de perdre son temps vingt-huit mois dans une caserne.

– Tu allumes une cigarette, tu te brûles les couilles avec, tu laisses pourrir quelques jours et le docteur te fout dehors sous prétexte de syphilis.

Il s'intéresse aussi à ma vie d'étudiant. Je l'intrigue. Il ne comprend pas ce que je fais chez les forains, alors que je ne suis pas pauvre et qu'un destin de grand monsieur m'attend à l'université. Un jour, il pousse un coup de gueule contre ses voyous qui traînaillent, puis il revient à moi, l'air rogneux, et me dit :

– Ici, nous n'apprenons que le métier des bêtes : se battre, survivre, ruser. Si mon fils, sacré nom de Dieu, avait la chance que tu as, je le traînerais à l'école, s'il le fallait, par les cheveux.

Je lui réponds je ne sais quoi, sans doute ce que je sens vrai, que j'ai depuis toujours ce rêve de gagner ma vie en chantant, de ne travailler qu'en vacances, d'aller voir ailleurs si j'y suis. Nous rions ensemble. J'insiste. Je m'efforce de le convaincre. Me viennent de grands mots venteux, j'en bafouille, c'est pourtant simple, je ne supporte pas les murs, je suis un citoyen du monde. Je ne peux pas citer Breton et ses chercheurs de « l'or du temps », pas ici, sous ce chapiteau, où le cow-boy au fouet surveille ses barbares. Il pointe l'index sur sa tempe, il me croit fou, mais je vois bien que ma fougue lui fait plaisir. Il me raconte que cinq fois l'État lui a mangé son cirque.

– Cinq fois ma femme et moi nous sommes repartis avec la couverture et la chèvre savante.

Je me souviens que ce jour-là une averse battait la toile sur nos têtes. Ses rafales faisaient un fracas d'océan, tandis que Robba l'illettré inscrivait en moi, pour toujours, l'évangile des saltimbanques.

– Avec la chèvre, me dit-il, tu ne mendies pas, tu travailles, tu peux t'acheter le sandwich. Avec la couverture, tu n'es pas à la rue, tu es sur ta scène d'artiste. Ma vieille chèvre, ma Lisa, et la couvrante sous les pieds, ces deux-là m'ont sauvé la vie. Sans elles je n'étais plus rien qu'un clochard sur un banc de square. Enfonce-toi ça dans le crâne et penses-y de temps en temps. Poète est un métier risqué. Tu peux te retrouver rejeté de partout sans rien à croquer que le vent. Tant que tu auras ta guitare, et tant que tu pourras tracer, sur le trottoir, autour de toi, ton espace sacré, ton cercle de lumière, tu ne seras jamais clodo, tu resteras chanteur des rues, et je crois que tu as raison, c'est le plus beau métier du monde.

Parole de grand-père : N'oublie pas d'où tu viens. Sers la cause du peuple autant que tu pourras. Parole d'éveilleur : N'oublie pas qui tu es. Tu as décidé d'être artiste. En haut comme en bas de l'affiche sers la vie à ceux qui sont là, et fais en sorte qu'elle nourrisse le désir d'un beau lendemain. Un conte m'a parlé, un jour, comme Robba : Ayaz, pèlerin infini, Mahmoud, conquérant redoutable. L'un était beau, l'autre puissant. Tous deux étaient frères de cœur. Mahmoud comblait l'errant de bienfaits enviables, et pourtant Ayaz, tous les soirs, se retirait dans une chambre au fond d'un corridor obscur où nul ne pouvait le rejoindre. Il en possédait seul la clé. Un jour, Mahmoud voulut savoir.

– Que me caches-tu ? lui dit-il.

Ayaz refusa de répondre. Alors le conquérant exigea cette clé que son ami avait en poche. Ayaz la lui tendit. Il entra dans la chambre. Il ne vit là, pendus au mur, qu'un manteau rapiécé, un bol et un bâton. Il en resta muet. Alors Ayaz lui dit :

– Seigneur, voilà mes seuls biens véritables. Si je viens ici tous les soirs, c'est pour ne jamais oublier qui je suis et serai toujours, malgré les festins que tu m'offres : un passant en ce monde, un chercheur infini.

L'histoire de Robba et le conte d'Ayaz vivent depuis longtemps ensemble dans mon orgue de Barbarie acheté pour trois francs six sous, dès mon arrivée à Paris, dans le capharnaüm d'instruments de musique qu'Alain Vian, frère de Boris, tenait rue Grégoire-de-Tours. Cet orgue est ma chambre secrète. En lui sont ma chèvre savante, ma couverture, mon bâton, mon bol et mon manteau troué. Il est là pour me rappeler ce que je suis, un saltimbanque, et qu'en cas de rien à manger je ne serai jamais mendiant. Je me ferai chanteur de rue, et oui, monsieur Robba, je crois que j'ai raison, c'est le plus beau métier du monde.

Fin de notre année lyonnaise. J'ai écrit des tas de chansons et j'ai poursuivi mes études sans souci de les rattraper. Je ne remettrai plus ni les pieds ni la tête à l'université. Dernier souvenir de ces jours : la radio me dit un matin que Boris Vian vient de mourir. Un bout de phrase, rien de plus, entre deux nouvelles banales. Un poète est mort, rien de grave, pensez à lui pendant la pub. Combien sommes-nous, ce jour-là, à nous sentir perdus sur une île déserte avec quelques livres à relire, quelques chansons à fredonner ? Devant la radio qui crachote je me dis que tout compte fait, être ce qu'il fut me plairait. Trop libre pour être estimé des grands prêtres de la culture, mais peu importe, il a vécu, il a écrit, il a chanté, il a su traverser le monde en contrebande. Oui, j'aimerais en faire autant.

Retour à Carcassonne. Mes parents sont grognons. Pas de diplôme, année perdue. « Il me tuera », dit ma grand-mère. Souci majeur : l'armée m'attend. Entre Paris et moi est ce mur, cet obstacle qu'il me faut à tout prix franchir. Il est hors de question que je risque ma peau à massacrer des gens avec qui, chez eux ou chez moi, nous aurions pu jouer à la pétanque ensemble. Que faire alors ? Je ne sais pas. Pour l'instant, face à ce qui vient, je ne suis qu'un refus massif. Je pars à Cahors pour deux jours de préparation militaire. Nous sommes là une centaine à barbouiller des formulaires, à nous faire ausculter tout nus, à satisfaire enfin aux joies de la mesure du quotient intellectuel. Me voici attablé devant une brochure. Première page. Un instructeur (il se tient raide près de moi) me désigne d'un bout d'index trois figures géométriques : un cercle, un triangle, un carré. À son avis ils ont en commun une chose. Il veut que je lui dise quoi. Je lui réponds qu'à l'évidence, contrairement à ce qu'il croit, notre choix est un peu plus vaste. Un seul point commun pour ces trois ? Allons, à vue de nez, on peut en compter quatre, et je suis sûr que j'en oublie : même brochure fatiguée, même chiffre en haut de la page, impression de même couleur. Je veux poursuivre. Il m'interrompt. Il m'examine, l'œil mauvais, et grince comme pour lui seul :

– Il se fout de moi, celui-là.

Je lui réponds que pas du tout, qu'on peut estimer, s'il y tient, que nous avons là, devant nous, trois figures géométriques, mais qu'elles n'ont, à mon sens, rien qui vaille en commun, l'une étant carrée, l'autre ronde et la troisième, regardez, elle est pointue, c'est évident. Il reste pensif. J'en profite :

– Je peux partir ?

– Une minute.

Conciliabule avec un chef, à quelques chaises de la mienne. Verdict :

– Au suivant !

Je m'en vais.

Je passe ma journée assis, les jambes pliées dans mes bras et le menton sur les genoux dans un coin du mur de la cour. Je ne vais pas à la cantine où l'on sert des plateaux-repas. On m'observe, de loin, on me désigne, on parle. Certains s'approchent.

– T'as pas faim ?

Je ne réponds pas. Ils s'éloignent. Deuxième jour, de bon matin. Me voici dans un bureau triste assis en face d'un docteur qui consulte des paperasses sans apparemment s'aviser qu'il y a quelqu'un qui le regarde à moins d'un mètre de son nez. Il pose enfin les mains sur ses feuillets épars et me demande tout de go :

– Vous n'avez rien contre Toulouse ?

Je lui réponds que certes non, que j'y compte pas mal d'amis.

– Très bien, dit-il, oubliez-les, vous ne partez pas en vacances.

Il se dresse et donc moi aussi. À l'instant de m'ouvrir la porte :

– Vous devriez consulter un médecin psychiatre.

Je m'en retourne à la maison.

Un mois plus tard, feuille de route. Destination (j'en suis content) : Toulouse, hôpital militaire. Personne, même pas Monique, ne sait ce que j'ai décidé. Je m'enferme. Je me fais lourd. On nous rassemble dans la cour, on nous désigne nos chambrées. Je me retrouve avec une vingtaine d'autres dans un dortoir préfabriqué. Je n'ouvre même pas mon sac. Je m'allonge et ne bouge plus. Autour de moi, chacun s'installe. Rires, chahut de fanfarons. Mon voisin me lance un coup d'œil puis s'approche, l'air soucieux. Il me demande si ça va. Je fais celui qui n'entend rien. Je reste extrêmement pensif. Il s'éloigne mais me surveille. Je le déprime, je le sens. Midi, sonnerie, réfectoire. Le dortoir se vide d'un coup. Les bruits, soudain, se font lointains. Je ne crains ni n'espère rien, je me sens buté, voilà tout. Trois de mes compagnons reviennent avant les autres. Ils ont, entre eux, parlé de moi. L'un me tend un cornet de frites. Je lui dis que je n'en veux pas. Il me souffle, l'air comploteur :

– Tu fais la grève de la faim ?

Je ne réponds pas. Il insiste :

– On peut t'alimenter en douce, t'inquiète, on te trahira pas.

Je sors un livre de mon sac. *Généalogie de la morale*, de Nietzsche. Je ne lis pas, je fais semblant.

– Tu veux qu'on te laisse tranquille ?

Je remue la tête. Ils s'en vont.

Les trois premiers jours sont pénibles. On me laisse croupir. Pas la moindre visite. Parmi les médecins plus ou moins militaires, quelqu'un sait-il que je suis là ? Même les gens de la chambrée vont et viennent sans plus me voir. J'ai faim, je grouille de douleurs et je suis d'humeur lamentable. Au quatrième matin, miracle ensoleillé. Je ne souffre plus, je jubile. Mon corps ? Aérien. Mon esprit ? Si délié, si lumineux que je me sens presque capable de lire mon Nietzsche d'un trait. Mon euphorie me dit que je suis invincible. Le jeûne a de ces effets-là. Ils ne m'auront pas, j'en suis sûr. Tout est facile désormais. J'irai au bout de l'aventure, que j'en sorte vivant ou non. Deux fois un médecin vient au bord de mon lit. Il m'examine, il m'interroge. Je le regarde en plein visage sans lui lâcher le moindre mot. Il en est gêné. Il abrège. Mes trois éphémères compères lui demandent de mes nouvelles. Il fait un geste d'impuissance. Il a hâte de s'en aller. On m'abandonne encore une poignée de jours. Le neuvième, de bon matin, un infirmier vient me chercher. Il me conduit jusqu'au bureau d'un colonel si colonel que même sans son uniforme on devinerait ce qu'il est. C'est le patron de l'hôpital. Il est assis devant quelques feuillets épars. Je me tiens devant lui debout. Il me dit ces mots militaires, définitifs, inoubliés :

– Je pourrais vous laisser crever, j'ai droit à dix pour cent de pertes. Mais votre mort entraînerait un barouf administratif que je préfère m'éviter.

Il signe l'ordre de réforme. Il me le tend.

– Disparaissez.

Fin août 63, gare de Carcassonne. Nous prenons le train pour Paris, et cette fois c'est sans retour.

6

« J'aimais les peintures idiotes, dessus de portes, décors, toiles de saltimbanques, enseignes, enluminures populaires ; la littérature démodée, contes de fées, opéras vieux, refrains niais, rythmes naïfs. » Rimbaud est là, heureusement, pour dire ces choses de moi. Car c'est de mes élans qu'il parle, de mes plus intimes bonheurs, de mes amours les plus secrètes. Je l'avoue volontiers, l'art estimé des riches et des intelligents me laisse tiède, sinon froid. Je connais des chansons qui m'embrument de larmes, ce que n'a jamais fait aucune symphonie. Et tant pis, j'aggrave mon cas : aucune fresque, aucun tableau, aucun sourire de Joconde ne m'a jamais ému aussi profondément qu'une photo d'enfant sourd-muet de naissance écoutant, à cinq ou six ans, un bruit pour la première fois. Sa surprise, ses yeux immenses, mon Dieu, j'en croirais presque en toi ! Et ces ex-voto de putains remerciant la Sainte Vierge de leur envoyer des clients ! Je ne connais pas de chef-d'œuvre où soient peints aussi simplement, sur un quelconque bout de bois, tous les malheurs, tous les espoirs, toutes les prières du monde. J'aime cet au-delà de l'art où palpite l'âme des peuples. Avant même d'avoir quitté le pays de ma jeune vie, c'est par ces lieux de pauvres gens négligés des passants du Louvre que j'ai découvert mon Paris. Ai-je voulu la conquérir, cette ville tant désirée ? Certes non, elle m'intimidait. La mériter m'importait plus.

Je rêvais d'être, en vérité, de ces familiers des ruelles qui savent tout de ces recoins où ne vont pas les projecteurs. Il se trouve qu'un homme que je n'ai pas connu m'a désigné l'entrée de la petite porte, celle des gens qui veulent voir, la grande étant pour ceux qui veulent être vus. Il s'appelait Jacques Yonnet. Il a eu la mauvaise idée de mourir avant que j'arrive et la bonne d'écrire un livre. Je n'aimerais pas qu'on l'oublie. Il a fait du bien à ma vie, il peut en faire autant pour d'autres. Ses *Enchantements sur Paris* n'ont cessé de m'émerveiller. Encore aujourd'hui, ils m'émeuvent. « Je croyais à tous les enchantements », dit encore le jeune Arthur. Sûr qu'il aurait aimé ceux-là. Je feuillette une fois de plus ces pages familières de mes nuits d'insomnie, j'en lis quelques lignes au hasard et la voix de Yonnet, gouailleuse, fraternelle, réveille une vieille chanson dans le vent gris de ma mémoire, une rumeur d'accordéon, d'orgue de Barbarie, au loin. Je n'ai jamais rien entendu de plus déchirant, de plus beau, de plus magnifiquement pauvre que ces airs qui passent et s'en vont le long des pavés sans autos des vieilles photos populaires.

Je voyais, en ces temps, des miracles partout. J'aime croire, encore aujourd'hui, que la rencontre inattendue de ce livre-là en fut un. Il m'est venu, un jour d'été, par *Le Surréalisme même*, revue, comme son nom l'indique, dirigée par André Breton, un seul exemplaire vendu (le mien) par l'inusable monsieur Castres, mon libraire carcassonnais. Dans son deuxième numéro, Breton fait des *Enchantements* une critique enthousiaste. Le bouquin est sur l'étagère, il me fait de l'œil, il m'attend. Monsieur Castres me dit qu'il n'en a reçu qu'un, et que, bien sûr, il est pour moi, puisque je pars dans quelques jours pour, dit-il, « la Ville Lumière ». Est-il quelqu'un, je ne sais où, pour ordonner nos vies comme sans doute elles doivent l'être ? Croire que oui me fait du bien. Ma raison me dit que j'ai tort, mais j'ai appris à la connaître. Elle veut garder fermées les portes qui m'attirent, et j'aime lui désobéir. Il me plaît donc d'imaginer que Jacques Yonnet l'enchanteur, assisté, pourquoi pas, de mon ange anarchiste, fut de ces êtres inespérés qui firent de mon temps d'artiste rive gauche un moment que pour rien au monde je n'aurais aimé vivre ailleurs.

Quel rapport avec mes chansons, mes espoirs, mes projets, ma vie ? Patience. Pour l'instant, je te parle magie. Je te parle de ces rencontres, de ces lieux d'entre chien et loup où tout finit par être vrai. Je te parle d'un vieux chez-moi évident mais inexplicable. Yonnet raconte les mystères du petit peuple du quartier qui va des bords de Seine à la rue Mouffetard où est encore le Vieux Chêne, en 1963, quand j'arrive de mon pays. Aux temps froids de l'Occupation, c'était un bistrot fatigué où quelques miséreux aux destinées bancales venaient boire leur soupe à l'eau à l'abri des nuits allemandes, des alertes, des couvre-feu. On y rencontrait, certains soirs, assis dans un recoin ombreux, celui qu'on appelait le Vieux d'après-minuit. Venu d'où ? On ne savait pas. On ne l'avait pas vu entrer. Il donnait un conseil, apaisait une peine, et puis on s'avisait qu'il avait disparu, sans que nul l'ait vu sortir. Mina, la mendigote folle, venait aussi parfois pleurnicher sa misère et mendier du lait pour son troupeau de chats que persécutait son amant, un renard déguisé en homme. À quelques pas de là, l'église Saint-Médard ne faisait de mal à personne. Elle était apparemment simple. De fait, on ignorait (et l'on ignore encore) qu'elle était née, au Moyen Âge, d'un ébouriffant fait divers. C'est, depuis ce temps-là, le seul saint lieu du monde où l'on peut, paraît-il, espérer être absous du péché de cannibalisme. Pourquoi ? Lis ce bouquin, mon fils, et vous aussi qui m'écoutez. Vous découvrirez que ces rues où vous passez la tête en l'air sont celles d'un théâtre d'ombres si mystérieux et fascinant que vous n'en pourrez plus sortir.

Or il se trouve (encore un hasard incongru) que ce quartier du vieux Paris trop discret pour être ordinaire est aussi celui où s'allument, vers la fin des années 50, la nuit venue, les cabarets. À quelques portes du Vieux Chêne, au Cheval d'or, tous les soirs passent Petit Bobo, le fabuliste, Boby Lapointe, Anne Sylvestre. La Contrescarpe, un peu plus haut, est un rendez-vous de clochards qui ne savent sans doute pas que leurs frères moyenâgeux (eux-mêmes sous d'autres haillons) s'assemblaient en ce même lieu. Au bord de cette place-là est aussi un de ces endroits où j'aimerais être accueilli. Francesca Solleville y chante Jean Genet. Son *Condamné à mort* est un de ces miracles qui imposeraient le silence même à Dieu, s'il passait par là. Fanon est là aussi, l'écorché magnifique, et sa *Petite Juive* attire les clochards au plus près de l'entrée qu'ils n'osent pas franchir. Rue Saint-Jacques, au Port du salut, en ballade au XVe siècle on pouvait se soûler avec François Villon. Au beau temps des *Enchantements* (pas de hasard, décidément), Bernard Dimey, poète, installe tous les soirs sa tonitruante présence et déclame aux tablées de dîneurs étonnés sa nouvelle cuvée de vers alexandrins. À quelques pas de Notre-Dame on vient écouter Guy Béart, Jean Ferrat ou Pierre Perret à la minuscule Colombe où traîne encore le fantôme de Cartouche, le beau bandit. Et l'Écluse, au bord de la Seine, simple bistrot de mariniers. Auditions tous les mercredis. J'évite d'en franchir le seuil. Si j'avais su, je l'aurais fait. Jean Yonnet, le frère de Jacques, y vient quasiment tous les soirs.

Yonnet. Biographie succincte de l'ami jamais rencontré. Au début de la guerre il est peintre, sculpteur, anarchiste notoire, poète aussi, et journaliste politiquement incorrect. En 1941 il est chansonnier au Chat noir, haut lieu des goualeurs de Montmartre. Yonnet chante la nuit et fabrique le jour des faux papiers d'identité pour les gens de la Résistance. 1944. Qui le dénonce ? Il ne sait pas, mais le fait est qu'il est grillé. On le prévient à temps. Il peut s'enfuir tout juste. Les flics allemands le poursuivent dans les caves labyrinthiques de je ne sais quelle clinique, sous la place d'Alésia. Deux feldgendarmes le rejoignent. Il en tue un, assomme l'autre, court dans le noir, remonte au jour et rentre chez lui. Fin d'alerte. Nous sommes en mars. En juin, un agent de la Gestapo cherche à intégrer son réseau. Il le démasque. Il le convoque dans la minuscule mansarde qu'il occupe au Quartier latin. Il l'abat vite fait bien fait, il escamote le cadavre. Je ne sais comment il s'y prend, on m'a dit qu'il l'avait dispersé « façon puzzle » dans les poubelles du quartier, un bras ici, la tête ailleurs. Bref, son logis est repéré. Il doit désormais se cacher. Alors il se rend introuvable, il se fantomatise, il devient un de ces errants qui ne sont rien et n'ont pas plus. Il se perd dans le petit peuple des sans-famille, des vauriens, de ces gens devant qui on passe sans les voir. Il ne fréquente plus que de drôles de vies, des femmes de renards, des clochards millénaires, des vieux d'après-minuit, des gourbis de gitans. Il prend aussi des notes, il écrit des poèmes, il croque des portraits d'écluseurs de bistrots. Il vit dans ses *Enchantements* avant de nous les raconter.

Claude Seignolle, autre enchanteur (oui, bien sûr, ils se connaissaient), m'a dit un jour :

– Yonnet ? Il était protégé.

Je lui ai demandé par qui. Il n'a pas voulu me répondre, mais manifestement, il avait son idée. Il a fini par me lâcher, de l'air rusé qui l'éclairait quand lui revenait une histoire :

– On a tort de sous-estimer les vieilles magies populaires.

Je n'ai pas eu à le pousser. Il m'a raconté ce qui suit. C'est un matin couleur nazie apparemment comme les autres. La grande poste, au coin de la rue des Écoles. Notre Jacques est à quelques pas. Il va expédier un colis. Parmi les gens sur le trottoir il croise une vieille gitane. Elle lui agrippe le veston, lui dévide son boniment, prend sa main, fait mine d'y lire une quelconque prophétie. Jacques s'agace. Il est pressé. Il le lui dit mais elle insiste, elle l'attire à l'abri d'une porte cochère. Elle lui parle une langue dont il ne comprend rien. À l'instant où il s'en défait, à la poste une bombe explose. Il reste un instant effaré, se tourne vers la bohémienne qui vient de lui sauver la vie. Plus personne. Elle a disparu. Les gens courent partout. Il se retrouve seul. Et Seignolle conclut :

– Voilà ce que j'appelle un homme protégé.

J'ai parfois l'impression que je le fus aussi. Dès notre installation dans l'hôtel insalubre où nous déposons nos valises, un ami du clan lyonnais, jeune journaliste d'agence et parisien de pied en cap, m'apprend que son patron l'expédie à Strasbourg pour une année, peut-être plus. Il nous confie pour pas un sou son appartement minuscule mais extrêmement bienvenu. Monique est secrétaire, moi presque pas chanteur. Nous vivons donc vaille que vaille sur un salaire souffreteux incapable de supporter un loyer de chambre de bonne. C'est dire si l'aubaine est belle. Un toit garanti sur la tête, une assiette de riz-légumes au restaurant végétarien le Guen Maï, rue de l'Abbaye, trois francs cinquante tout compris. Oui, pardon, j'allais oublier : depuis le retour triomphal de mon rendez-vous militaire nous mangeons macrobiotique. Encore une de mes lubies, selon ma grand-mère Aurélie. Bref, nous tenons sans trop de mal. J'écris, je cours les auditions, je fais de temps en temps la manche dans des restaurants surpeuplés où le seul talent exigé est de ne pas gêner les envols chaud devant des plats et des desserts. Je n'y récolte même pas le prix d'un retour en taxi, pour peu que le dernier wagon du dernier métro disparaisse avant que j'aie pu l'attraper.

Je m'obstine surtout à tenter d'approcher les artistes notoires, les grands, les remueurs de foules, les bien-aimés des projecteurs. Que l'un d'eux se laisse séduire par quelqu'une de mes chansons et je sors de l'anonymat, je me glisse dans sa lumière, qui sait, on dansera sur moi. Hélas, madame est dans son bain, non merci, rappelez plus tard, c'est comment, votre nom ? Monsieur est en vacances. Je digère les rebuffades. Je n'ai rien à perdre. Encore un. Le dernier ? Oui, jusqu'à demain. Bourvil ? Pourquoi pas ? Je l'appelle. Je ne sais qui, la veille au soir, m'a proposé contre celui d'une inaccessible diva son numéro de téléphone.

– Monsieur Bourvil ?

– Oui, c'est lui-même.

J'en reste bouche bée. Où suis-je ? Il parle comme au cinéma. Mes oreilles se changent en deux nids de bourdons. Je m'attendais à une voix d'expéditive secrétaire, mais non, erreur, surprise rouge. Je me présente vaillamment, je bafouille que j'aimerais lui proposer quelques chansons.

– Eh bien venez, dit-il. Vous avez mon adresse ?

Palier d'immeuble silencieux. Une femme m'ouvre la porte.

– André vous attend, me dit-elle.

Appartement bourgeois, paisible. Un piano à queue au salon. Poignée de main ferme, solide. Il me désigne un canapé.

– Un café ? Mettez-vous à l'aise.

On ne le dirait pas célèbre. Je me dis cela, bêtement. Son sourire aux yeux bleus me le rend familier. Il me pose tranquillement quelques questions de circonstance. Je lui réponds (je mens un peu) que je chante de temps en temps dans les cabarets rive gauche. Il ne me croit pas tout à fait. Il sait tout de l'art saltimbanque d'enjoliver les horizons. Il dit :

– C'est pas trop dur ?

Je hausse les épaules, il hoche un peu la tête. Un drôle d'air traverse un instant son regard. Je le sens tout à coup rocheux, indestructible, puis cela s'efface, il sourit. Je lui chante une chanson simple qui me semble faite pour lui. Il murmure :

– Oh, que c'est joli !

Je lui fais lire quelques textes, il les parcourt, il me regarde avec un rien d'admiration. Il dit :

– Vous êtes un poète. N'écoutez pas les malveillants, suivez votre route, elle est belle.

Les yeux gourmands, il tend un feuillet à sa femme. Il hésite, il me dit :

– Mais je ne chante presque plus, je fais surtout du cinéma.

Il a l'air de le regretter. Nous parlons encore un moment, nous fredonnons ensemble quelques refrains aimés. Je le quitte ragaillardi. En deux heures d'après-midi, il a ravivé ma confiance qui jour après jour s'étiolait. Miracle des rencontres et des paroles justes à l'instant exact entre tous où elles devaient être entendues.

Premier engagement : l'École buissonnière.

– Tu commences demain.

Cinq francs pour trois chansons. Ce n'est pas rien. Je suis payé. Je ne suis plus simple amateur. Je suis désormais un artiste accueilli parmi ses pareils. Je suis de ceux qui font métier de n'être pas comme les autres. Je chante en scène tous les soirs (j'ai au moins réussi cela) avec Fanon et Paul Préboist, avec René-Louis Lafforgue que j'écoutais à la radio, au temps des espérances folles. C'est le patron du lieu, franc-maçon, libertaire, chansonneur, bien sûr, grande gueule et père de *Julie la Rousse*, éphémère et tendre succès qui lui a permis d'acheter cette École où je fais mes classes, à quelques pas de Mouffetard. Il déteste Léo Noël qui lui avait refusé l'Écluse au temps où, me dit-il, « je logeais à la rue ». Pour se venger de lui, une saison durant, à l'heure pile du spectacle, il s'était installé dehors, sous le lumignon de l'entrée, et là s'était égosillé, tous les soirs, même sous la pluie, à chanter les chansons que Léo n'aimait pas, mais que son gueuloir imposait de l'autre côté de la porte.

Il fut célèbre, il ne l'est plus. Je pense à ceux que j'ai nommés, au fil de ces dernières pages, aux chanteurs dopés à l'espoir, toujours, partout, quoi qu'il arrive, aux fauchés qui se prétendaient au bord d'une gloire prochaine (surtout qu'on ne les plaigne pas !), à ces êtres rares nourris, comme le disait Kakuso, de « ces sublimes illusions qui font la vigueur des poètes ». Quelques-unes de leurs chansons traînent encore dans des mémoires. Beaucoup sont morts et oubliés. Si vous les connaissez, tant mieux, sinon tant pis, ce n'est pas grave. Ils n'ont pas trouvé le graal, mais ils ont au moins traversé quelques exaltations fécondes insoupçonnées des raisonneurs. Je remercie le ciel d'avoir été des leurs. Le ciel, oui, celui des oiseaux. Certains ont volé haut, d'autres non, peu importe, j'ai connu l'air libre avec eux. Nous avons tous eu cette chance d'approcher nos rêves de près. Les miens, en ce temps-là, s'obstinaient à l'Écluse malgré la crainte que j'avais de risquer à nouveau mes pieds au bord de je ne sais quel gouffre.

Mais tout de même, un mercredi, jour d'auditions dans ce guêpier où ma rancune rôde encore, je me décide enfin. J'entre discrètement dans ce lieu pénombreux où je n'ai pas remis les pieds depuis le soir de ma débâcle. J'attends mon tour, crispé, l'espoir à marée basse, parmi les candidats à l'embauche locale. Je me dis que Léo Noël m'a probablement oublié et que, quoi qu'il en soit, je n'ai pas les moyens de négliger la moindre chance de gagner un peu plus que rien. Léo, je le découvre, n'est pas le seul patron. Dans l'ombre du fond de la salle ils sont deux autres à écouter les forcément meilleurs que moi qui défilent sous les projos. Je les connais : Marc Chevalier et André Schlesser, dit Dadé, interprètes à deux voix de chansons de théâtre et compagnons de Jean Vilar. Ils chantent aussi de temps en temps, dans leur Écluse familière, de ces merveilles populaires qui m'ont fait aimer cet endroit. La chanteuse qui me précède est gratifiée d'un « Merci » explicite, quoique jovial, après un seul demi-refrain. C'est bien, je ne risque pas pire. Je dédramatise un grand coup. Les choses n'ont, tout compte fait, que l'importance qu'on leur donne. C'est à moi. Je chante un couplet, puis deux, puis trois. Je vais au bout. Une voix, dans le noir :

– Vous avez autre chose ?

– Oui, bien sûr.

Je remonte au front. Encore une chanson, une autre. Enfin, au loin :

– Merci beaucoup.

J'hésite à rejoindre mes juges. Léo me lance :

– C'est pas mal. Passe nous voir de temps en temps. Dès qu'une place se libère, elle est pour toi.

Il me tutoie, ce qu'il n'a pas fait pour les autres. Suis-je déjà de la maison ? Mon euphorie me dit que oui. De ce jour, presque tous les soirs, après l'École buissonnière, je pousse la porte vitrée de l'Écluse, mon port d'attache, où m'attendent des flibustiers inconnus des maisons bourgeoises.

Car je ne tarde pas à voir mon nom inscrit sur le tableau noir de l'entrée. J'ouvre la soirée. C'est la règle. Le dernier embarqué d'abord, juste après la lumière éteinte et les trois coups frappés par le balai fleuri. Après moi, Brigitte Fontaine puis, sur fond noir, les « mains Joly ». Elles sont quatre, gantées de blanc. Elles ne parlent pas mais racontent une brève histoire d'amour si simple, si touchante aussi qu'elle émeut même le silence. Pierre Richard, Victor Lanoux et leurs dialogues drolatiques précèdent enfin notre diva : Barbara au piano, dont je n'ose rien dire, sauf que Jean Rochefort en avait le béguin, comme il l'avouait l'air timide. Elle chante encore, en ce temps-là, de ces chansons des Années folles où les fiacres allaient trottinant, mais aussi, les mains envolées, caressant les airs et les mots en enjôleuse virtuose, *La Femme d'Hector*, de Brassens, *La Joconde*, de Paul Braffort, qui sourit jusque sous les bombes. On la suit partout où elle veut, mais surtout qu'elle ne change pas, qu'elle n'aille jamais voir ailleurs, qu'elle ne se gâte pas à fréquenter la gloire, elle est à nous seuls, on la garde. Bref, personne encore ne sait que notre longue dame brune ne va pas tarder à quitter, pour les grandes salles amoureuses, son Écluse et ses éclusiers.

Je rappelle un soir à Léo ce jour sinistre où par sa faute j'aurais pu n'être jamais là. Il n'en a aucun souvenir.

– C'était il y a bientôt trois ans, je t'ai chanté quelques chansons. Tu m'as sûrement écouté d'une oreille occupée ailleurs, enfin bref, tu n'as pas aimé. Je n'ai même pas su pourquoi. Tu m'as juste dit d'être prof.

Il me répond :

– Oui, forcément.

Je m'étonne. J'en perds le souffle. J'espérais au moins un regret, un aveu, quelques mots d'excuse, mais pas du tout, le bougre a l'air content de lui. Je bafouille, scandalisé, que cette soirée-là m'est restée comme un os au travers du gosier, qu'il ne s'en est pas rendu compte mais il m'a opéré le cœur sans l'anesthésie minimum.

– Qu'est-ce que cela t'aurait coûté, bon sang, de me gonfler les muscles, de me dire : « Vas-y, petit, continue, c'est pas mal, bon vent » ?

Il rit tout doux. Il dit encore :

– Tu me demandais l'impossible : décider de ton avenir. C'était à toi de te mouiller. Moi, je ne pouvais pas grand-chose, sinon te forcer à choisir.

Et comme je reste muet à penser : « Mais qu'est-ce qu'il raconte ? » :

– Pour faire ce foutu métier, tu dois n'écouter que tes couilles. Si elles sont assez bien pendues, tu me traverses, tu me tues, tu m'oublies et tu vas ta route. Sinon, tu retournes au pays, clopin-clopant, et tu t'installes dans un métier sans hauts ni bas. Je t'ai laissé libre, gamin. Comment voulais-tu que je sache pour quelle vie tu étais fait ?

Denise (elle tient le bar) nous sert le fond encore frais d'une bouteille de champagne. Je sais qu'elle a tout entendu. Son air me dit qu'elle m'aime bien. Elle lève son verre avec nous.

Parmi ces êtres-là, je me sens en famille. Le soir, les gens partis, la porte verrouillée, les chaises sur les tables, nous restons cinq ou six à traîner, à parler, surtout à écouter Dadé. Je n'ai jamais connu un improvisateur autant émerveillant, autant feuilletonnesque. On l'interroge, on l'aiguillonne, on le provoque, l'air de rien, puis vient une question faussement innocente du genre :

– C'était quand ?

Chacun sait qu'il est né gitan, qu'il fut trouvé, un jour, rue de Ménilmontant, par je ne sais lequel (lui non plus) des Schlesser, anarchistes de père en fils, casquette noire et foulard rouge, quatre frères et surtout un trésor de grand-mère rescapée presque séculaire de la Commune de Paris. Et le voilà qui se souvient, qui nous attrape, qui nous tient. Silence autour de lui. Il ne nous lâche plus. Détour par l'histoire de France. Mai 1871. C'est fini, le peuple a perdu. Au cimetière du Père-Lachaise, on fait la chasse aux communards. Face aux fusils qui les abattent ils sont à peu près cent cinquante contre le mur où ils s'étreignent, où ils disent adieu à la vie. La petite Schlesser est là. Elle fait face à la fusillade. Elle est encore adolescente. Pas une chance, apparemment, d'être un jour appelée grand-mère. Des morts en vrac tombent sur elle, et la voilà miraculée. Les fusils se taisent. Elle émerge, ensanglantée par les cadavres et plus vivante que jamais. Et du coup la voilà symbole de l'espoir qui ne meurt jamais. Le souvenir pourtant vieillit, mais le feu sacré s'éternise. Et donc, chaque année de sa vie, le jour de mai anniversaire de l'impardonnable tuerie, elle marche au-devant des drapeaux à la rencontre de ces morts qui ont un jour sauvé sa vie. À quatre-vingt-dix ans on la trimballe encore dans son fauteuil de vieille fée qu'elle ne peut plus guère quitter, jusqu'à ce mur inoublié, portée en tête du cortège par ses quatre petits-enfants comme une Vierge en procession.

– Et moi, tout minot, dit Dadé, j'ouvre la marche avec un bouquet d'immortelles.

Nous en restons la bouche ouverte. Il rit, il dit :

– Allons dormir.

Et chacun part de son côté dans la brume du petit jour.

Un autre soir, fin du spectacle. Ma mémoire, décidément, aime entre tous ces moments-là ignorés des gens qui nous quittent, encore embrumés de plaisir.

– Raconte-nous tes vingt mamans. C'était où ? Rue du Charolais ?

Nous savons. Nous faisons semblant d'avoir oublié l'anecdote. Il ne se fait guère prier.

– J'étais chanteur dans un bordel.

Beau début. On se tait, on jubile d'avance.

– Je devais avoir dix-douze ans. Pour les filles, j'étais comme un rêve de fils, un Jésus, un porte-bonheur. Elles avaient besoin de tendresse, elles se disputaient mes câlins. Je leur chantais des chansons tristes, de ces complaintes réalistes où les enfants portent des fleurs aux mamans mortes à l'hôpital. Oui, des mamans, en ce temps-là, j'en avais bien une vingtaine. Aux derniers mots des *Roses blanches*, quand mon vibrato s'envolait, toutes pleuraient dans leur mouchoir. À la fin, les pauvres chéries me glissaient trois sous dans la poche en me serrant entre leurs seins, et je m'enivrais de fantasmes dans leurs parfums exagérés. C'était un temps plutôt joli. Je gagnais, semaine et dimanche, de quoi ne pas coucher dehors.

Silence rêveur, puis relance :

– C'est quand tu quittes le bordel que tu rencontres Jean Vilar ?

– J'étais à peine adolescent. Je me prétendais reporter, ça impressionnait les timides. De fait, je vendais *France-Soir* à la criée, métro Bastille, quand il ne pleuvait pas trop fort. Pour appâter la clientèle je braillais de fausses nouvelles. Catastrophiques, évidemment. Bref, je jouais, sur mon trottoir, le bonimenteur de malheurs, mais les clients me connaissaient, mes simagrées les amusaient, ils payaient mais n'étaient pas dupes. Et voilà qu'un bonhomme, un jour, me vient devant. Je m'étais aperçu qu'il m'observait, de loin. Il me dit son nom.

– Jean Vilar, murmure le chœur des captifs.

– Lui-même. Il ne paie pas de mine, en ce temps-là, je vous le dis. Il ne veut pas de mon journal mais il me propose un boulot : comédien. Joueur de théâtre. Il m'invite à boire un café au premier bistrot qui nous vient. Il monte *Le Bal des voleurs*, de Jean Anouilh. À son avis, je suis pile l'acteur qu'il cherche. Je ne connais pas Jean Anouilh, encore moins son bal de gouapes, je ne sais rien de ce métier, mais vive la vie, pourquoi pas ? Vilar, en ce temps-là, n'est vaguement connu que de théâtreux d'avant-garde.

– C'était en quelle année ?

Bref débat. Il hésite.

– 41, 42.

Puis ces mots d'Aragon, comme une ombre passante : – « C'était un temps déraisonnable, on avait mis les morts à table », oui, c'était cette époque-là. En 40, Vilar est pion au lycée Saint-Joseph et dirige tant bien que mal une compagnie, la Roulotte, qu'il fait vivre de presque rien. Vogue la galère, il m'embarque. Pour le gavroche que je suis, artiste ou forain, c'est tout comme. Quel drôle de chemin nous avons parcouru ! En ces jours de vaches malingres, il arrivait qu'il voie la vie comme un sac de pommes pourries. Moi, par contre, je n'avais rien, même pas le moindre souci, j'allais où me poussait le vent, mais j'aimais le futur grand homme auprès de qui je découvrais des paroles, des jeux, des œuvres que ne pouvait imaginer l'enfant de la rue que j'étais. Certains soirs plus gris que les autres je le raccompagnais chez lui. Je n'entendais rien aux tracas, aux batailles qu'il traversait, mais j'essayais de l'amuser, je lui disais des nuits durant ce qu'il avait envie d'entendre, que même son ami Molière avait eu du mal, au début, que jouer Beaumarchais, Shakespeare et Bertolt Brecht dans les usines de banlieue était une excellente idée, qu'il aurait un jour son théâtre de trois mille places à Paris, bref de ces blagues rituelles qu'on raconte faute de mieux.

Dadé se tait, et nous aussi. Nous attendons encore un peu que la fatigue nous éteigne. Chacun s'en va vers sa roulotte. Paris est désert, et c'est bien.

Est-ce mon souvenir qui embellit ces nuits ? Elles demeurent dans mes pénombres comme d'intimes paradis, de ces moments de presque rien que l'on pourrait croire éphémères et qui restent pourtant fidèles, prêts à venir au moindre appel. Il faudrait trop de temps, de pages pour tout dire de ces histoires qui nous promenaient de fous rires en étonnements attendris, en compagnie de vieux fantômes, Vilar, bien sûr, Gérard Philipe, Camus et Maria Casarès, jeunes amants tumultueux en ces temps neufs où le théâtre renaît hors des décors vieillis et ravigote nos envies d'un monde plus beau que jamais. Maria vient parfois à l'Écluse, car elle est maintenant l'épouse de Dadé. Comment cela s'est fait ? D'autres savent, pas moi. Discrète, peu bavarde et royalement belle, mon souvenir la voit ainsi. Elle a joué, au cinéma, quelques chefs-d'œuvre inoubliés, et donc, bien sûr, elle intimide. Aucun de nous ne la tutoie. Elle regarde les gens qui parlent avec une attention si vive qu'elle semble voir, au-delà d'eux, je ne sais quoi de fascinant. J'ai presque envie de me cacher pour la contempler à mon aise. Elle croise parfois Barbara, mais autant que je me souvienne elles n'ont rien à se dire, en passant, vite fait, que de tièdes banalités. D'ailleurs la longue dame brune ne s'attarde pas parmi nous. Dès que son public est parti, elle traverse à grands pas la salle et salut, pas un mot de plus.

Un soir banal, pourtant, elle reste. Tandis que l'on bavarde au fin fond de la salle, sans le moindre souci de nous, sur la scène ombreuse elle s'attarde, elle pianote, elle fredonne un air qui bientôt éteint nos parlotes. On fronce les sourcils, on l'écoute, on s'étonne, on lance un commentaire drôle. L'entend-elle ? Elle ne semble pas. Comme pour elle seule elle chante des chansons inconnues de tous. Elle ferme le piano, enfin, elle nous rejoint. Quel est l'auteur de ces œuvrettes qui manifestement ne lui ressemblent pas ? Elle avoue, bravement :

– C'est moi.

Un long silence lui répond. Je me souviens d'une voix lourde parmi les sourires contrits :

– Ton truc, c'est ni fait ni à faire.

Nous sommes tous de cet avis. Elle vient pourtant de nous chanter *Au bois de Saint-Amand*, *Pierre*, *Nantes*, bref les chansons qui la feront bientôt grimper au paradis des saltimbanques. Nous ne nous sommes pas trompés, malgré l'accablante apparence. Une Barbara inconnue venait de fantomatiser celle que nous aimions encore. Nous ne voulions pas qu'elle nous quitte, mais c'était trop tard, c'était fait.

Pour l'instant, elle est toujours là. Quand elle est occupée ailleurs, Christine Sèvres prend sa place. Elle, elle m'émeut infiniment. Je lui sens, avec Casarès, comme une parenté profonde. Même regard, même fierté, même impressionnante tenue, même noblesse populaire. Je ne me lasserai jamais d'entendre son *Robert le diable*, musique de Ferrat, paroles d'Aragon. Il parle de Desnos, mon poète majeur des temps adolescents, qui rêva de sa mort avant qu'elle ne lui vienne, sur un grabat de camp nazi. « Je pense à toi, Desnos, qui partis de Compiègne comme un soir en dormant tu nous en fis récit. » J'entends ces mots, je vois Christine. Je l'écoute encore souvent, parce que sa voix me bouleverse, parce que je la sais fraternelle, brusque par tendresse rentrée, et fille du peuple ouvrier, celui qu'ont connu nos grands-pères.

Elle me demande, un soir, après qu'elle a chanté, s'il me plairait d'écrire une chanson pour elle. Je lui réponds que oui, bien sûr. Passent quatre ou cinq jours. Je lui porte trois textes. Au coup d'œil qu'elle me lance après qu'elle les a lus, je sais qu'elle n'en est pas déçue.

– J'aimerais bien que Jean me les mette en musique, me dit-elle. Qu'en penses-tu ?

Jean, c'est Ferrat. Elle est sa femme. Moi, tout content :

– Ce serait bien.

Ces temps-ci, tous les soirs, à la fin du spectacle, Ferrat vient écluser un verre et récupérer sa moitié. Ils habitent à Ivry, c'est loin, il joue donc les taxis de luxe. Le voici qui passe la porte et qui salue la compagnie. Christine lui déplie mes couplets sous le nez. Il les lit, les replie et se les fourre en poche. Elle lui dit, vaguement inquiète :

– Et alors quoi ? Tu n'aimes pas ?

Son Jean, tranquille :

– C'est très bien.

Ferrat est un taiseux, tout le monde le sait. Christine est son contraire. Elle parle. Elle dit volontiers ce qu'elle pense, au risque de plaire à moitié. Les silences de son époux, apparemment, l'insécurisent. Elle s'en va de mauvaise humeur. Son homme me fait un clin d'œil et me glisse en passant :

– À bientôt. Je t'appelle.

J'ai compris. Mes textes l'inspirent. À quoi bon dire plus ?

– Bonsoir.

À quelque temps de ce soir-là, Christine nous invite, un dimanche, Monique et moi, à venir déjeuner chez eux. Ivry, tout proche de Paris, est une banlieue populaire plantée de grands ensembles neufs. Nous voici au pied de l'immeuble. Hall à miroirs. Dernier étage. Nos hôtes sont logés non pas comme des riches, mais plutôt comme d'anciens pauvres qui ont longtemps rêvé d'espace et de confort. Moquette, baie vitrée, grand canapé douillet, des fleurs sur une table basse. Christine, fière, remuante, fait visiter à sa copine (elle et Monique, à l'évidence, sont taillées dans le même bois) chambres, placards, cuisine neuve.

– Regarde, ça marche tout seul !

Ronronnement, bruit d'ustensiles. Bref passage au petit salon meublé d'un piano à queue blanc.

– Voilà. Tu vois, ça, c'est mon luxe. Une pièce rien que pour moi, où je peux travailler tranquille. Et puis viens voir la penderie. Là les chaussures, là les fringues. On y respire à l'aise, non ?

Tandis qu'elles papotent à côté, Jean et moi sirotons un scotch, enfoncés dans le canapé. Sa guitare est dans les coussins. Mes chansons, sur la table basse, sont couvertes de gribouillis. Je risque :

– Tu as travaillé ?

Il me répond d'un grognement, puis il dit :

– Attendons les femmes.

Comment naissent les amitiés ? Rien, ce jour-là, ne vient troubler le plaisir simple d'être ensemble. Christine et Jean sont de ces gens qui se souviennent d'où ils viennent. Du fier populo, comme moi. Pas besoin d'en faire des phrases. Nous parlons famille, beaux livres, grands poètes et chanteurs nouveaux. Christine apporte le gigot. Après le café, les chansons. Après les chansons :

– Et voilà. Qu'en penses-tu ? me dit l'inquiète.

Le plus grand bien, évidemment. Elle est contente. Elle nous le dit.

Elle ne les chantera jamais. Ferrat, finalement, les gardera pour lui. Elles seront de son prochain disque. En ai-je été surpris ? À peine. Le soir d'Écluse où je l'ai vu fourrer mes textes dans sa poche, l'idée m'a traversé, je ne sais pas pourquoi, qu'il en serait ainsi. Christine ne m'en a rien dit. J'en écrirai d'autres pour elle. Pour Jean aussi, tranquillement, comme nous avons toujours fait.

Bar de l'École buissonnière, un soir d'hiver. On s'éternise. Chacun retarde le moment de se retrouver seul dehors. Comme je m'apprête à partir, Fanon quitte un instant les glaçons de son verre, m'attrape la manche et me dit :

– Reggiani cherche des chansons. J'ai rendez-vous chez lui demain après-midi. Je ne peux pas y aller, je suis trop amoureux. Toi ou moi, il s'en fout. Vas-y.

Reggiani. Où me reçoit-il ? Ne me restent que son visage froissé par d'intimes soucis, son regard qui semble sans cesse à la recherche d'un chemin, sa vivacité attentive. *Paris ma rose* le séduit. Passent les jours, quelques semaines. Il m'appelle. Il me semble inquiet. Il me dit qu'il a travaillé, que ma chanson semble l'aimer, qu'il veut me la faire écouter. Je découvre un homme appliqué à faire aussi bien que possible, un maître artisan minutieux, au cœur travaillé par l'angoisse de n'être pas à la hauteur. Il est connu, pourtant. Il semble l'ignorer. Il m'apprend que quelques concerts sont programmés, ces jours prochains, dans des théâtres de banlieue. Il s'en effraie. Il n'est pas prêt. Je le rassure. Il dit, comme un enfant :

– Tu crois ?

Première soirée à Nanterre. Il ne sait pas que je suis là. Tandis que s'amplifie la rumeur dans la salle, je l'aperçois près des rideaux. Je viens à lui, content. Il me voit, il s'effare :

– Oh non !

Il est catastrophé. Je porte le virus du trac, il me déclare contagieux.

– Je vais me planter, je le sens.

Paris ma rose, couplet deux. Le trou. Il fredonne un instant, il tangue, il rattrape le fil des mots. Fin du concert. Triomphe. Il n'en retient rien d'autre que l'incident mineur que personne n'a remarqué.

Ne me reste de lui qu'un coup de téléphone reçu plus tard, beaucoup plus tard, au crépuscule de sa vie. Je l'entends sur mon répondeur chanter à voix toute mouillée un couplet de notre chanson, puis ce seul mot :

– Appelle-moi.

J'aurais dû. Je ne l'ai pas fait.

Je m'en retourne au vieux chemin. Je m'installe, ces années-là, parmi les artistes connus des amateurs rive-gauchistes. J'enregistre mon premier disque. Les radios lui font bon accueil. Le public ne me boude pas, mais aucune de mes chansons n'est sifflotée sur les trottoirs. Qu'importe, je gagne ma vie. Je dois probablement rêver d'être reconnu dans la rue, derrière des lunettes noires, mais mon désir de grimper haut est à coup sûr moins véhément que celui d'être de ces gens qui ne veulent plus de ce monde, de ses guerres, de ses banquiers, de ses cent millions d'affamés. Nous sentons se lever l'orage désiré qui va tout emporter, la poussière et les meubles, les vieilles photos de famille, les fauteuils et les installés. Nous lisons Marcuse et Illich, Kerouac, Burroughs et John Lily, Debord et les situationnistes. Qui se souvient de ces noms-là parmi ceux qui ont aujourd'hui l'âge que nous avions alors ? Mai 68, c'est dans deux ans, mais déjà nous savons que la Terre est malade, que le monde est à rebâtir, que la vie n'est pas ce qu'en disent les adorateurs du veau d'or. Nous sommes des enfants naïfs et prophétiques. Nous croyons plus que de raison à la force de nos désirs. Bref, en septembre 66 nous sommes six à décider de vivre en famille nouvelle, de mettre en commun nos idées, nos salaires, nos tas de livres. Nous nous prenons pour des pionniers. Nous avons tort, et gravement. Après quelques mois idylliques nos faiblesses, nos jalousies ridiculisent nos envies de nouveau monde pacifique. On n'apprend que de ses échecs. Je sais donc depuis ce temps-là que la révolution est une affaire intime. C'est en nous qu'elle doit s'accomplir. Change-toi, et tout changera. Ce n'est pas si facile à faire, tant on aime mieux s'insurger contre les malfaisants notoires que de les débusquer dans nos propres brouillards.

Cette remuante année-là, je passe aussi à Bobino, le music-hall de Montparnasse où Brassens chaque année fait ses vingt jours de scène. J'ai failli écrire « de fête ». La salle est comble tous les soirs, le public a l'oreille fine et je lui chante six chansons. Première partie rive gauche : Pierre Richard, Victor Lanoux, Christine Sèvres, et donc moi-même. Brassens, enfin. Parler de lui est une émouvante entreprise. Quand m'est venue sa voix pour la première fois, j'étais encore lycéen. Le voici enfin devant moi.

7

Brassens, d'abord, c'est une bande, un bateau de copains d'abord, une tribu de pères peinards où les femmes n'ont aucun droit, même pas celui d'être là. Au cours de mes visites au clan, sauf la compagne du patron, la douce et discrète Püppchen, je n'en ai rencontré aucune. Je ne dis pas qu'ils les fuyaient, chacun sans doute cultivait son bout de jardin conjugal, mais ailleurs, dans une autre vie dont ils parlaient en riant faux, un peu paillards, un peu gênés. Un biographe pointilleux pourrait sans doute m'accuser de quelques oublis dommageables. Il est possible, évidemment, que la barque du père Georges ait navigué, de temps en temps, avec quelques sirènes à bord, mais je n'en fus pas le témoin. C'est donc en leur parfaite absence que ma mémoire redécouvre le film tranquille de ces jours parmi ces fantômes au sang chaud que je regardais vivre heureux au pied de leur arbre à chansons. Misogynes, ces braves ours ? Mais non, tout simplement, ils se préfèrent entre hommes, et s'ils raillent parfois telle ou telle donzelle, c'est pour un plaisir de bons mots. Entre eux ils se sentent plus libres, ils n'ont pas à se surveiller, car ils redoutent, à mon avis, l'œil aiguisé des « bonnes femmes ». Cela se sent, et c'est touchant, comme se devine parfois cette envie de soldats fourbus revenus de toutes les guerres : qu'enfin on leur foute la paix. Premier cercle : Fallet, Chabrol, Vidalie, dit le Grand Albert, Onténiente, alias Gibraltar, Pierre Nicolas, son bassiste, et Jean Bertola, mon ami à la voix de cuivre sonnant. Il compose, pour mes chansons, de beaux vêtements de musique, il est pianiste, il m'accompagne sur toutes les scènes où je vais. C'est lui qui me présente à la maison Brassens, un jour, à l'heure de midi.

Me voici donc devant cet homme mille et mille fois fantasmé. Je me sens reçu de bon cœur, mais je ne sais pas trop ce qu'il convient de dire, d'autant que Georges est peu bavard. Je découvre que ses amis ont bien vingt ans de plus que moi, qu'ils sont profondément complices et qu'on n'entre pas dans leur cercle comme dans un moulin à vent. Tandis qu'on sert l'apéritif, pour me mettre à l'aise sans doute, ils me parlent du temps, qu'ils ont connu de près, où l'Écluse n'était qu'un bistrot de perdus plus ou moins pittoresques. Après quoi le maître des lieux, d'un ton d'évidence tranquille :

– Si tu n'es pas pressé, tu déjeunes avec nous.

Pressé ? Bien sûr que non. D'ailleurs, autour de moi, on n'a pas l'air de l'être. Le déjeuner ? Gastronomique.

J'ai rarement mangé si bon. Püppchen apparaît un instant, en bonne mère souriante, elle s'assure que tout va bien et nous laisse sans bruit à nos palabres d'hommes.

Tout au long de l'après-midi, je suis le seul à rester sobre. Je suis encore, en ce temps-là, farouchement végétarien. Les autres, imperturbables, assèchent des bouteilles d'alcools plus ou moins fous sans même avoir l'air d'y toucher, tandis que le père Brassens, sa guitare au travers du ventre, chante et commente des chansons que chantaient autrefois Trenet dont il parcourt au trot les refrains et couplets sans en manquer une syllabe, Mireille et Jean Nohain, Maurice Chevalier, Fernandel et sa *Félicie*. Dans ces œuvrettes populaires il se promène avec entrain, il est chez lui, comme en famille. Des textes les plus anodins, de l'année où ils furent écrits, de leurs auteurs tant oubliés qu'ils semblent connus de lui seul, il sait tout. J'en reste incrédule. Mes compères soiffards n'ont même pas l'air soûls. Ils chantonnent, eux aussi, ils lui lancent des airs dont ils perdent les mots mais que Georges rattrape au vol en acrobate chansonnier. Je me mêle à grand-peine à leur jeu nostalgique. Je n'ai pas bu, je n'ai pas l'âge de ces chansons d'un autre temps, je les connais, mais de trop loin. J'essaie de suivre. Je fatigue. Je sens que mon entrain cahote et sonne faux. Fin d'après-midi. J'abandonne. J'évoque un vague rendez-vous. Au revoir chaleureux du clan. À l'instant de passer la porte, clin d'œil et confidence express du camarade Bertola :

– Pour Bobino, il est d'accord.

Bobino. Me voilà, pour trois belles semaines, en première partie de celui dont la voix, inaccessible et pourtant proche, me laissait débordant d'envie d'en faire autant, au temps où j'écoutais la radio, seul au monde, à Carcassonne, adolescent. Avais-je osé rêver de ce jour où je suis ? Soir de première. Rideau rouge discrètement troué à hauteur de regard. Je jette un œil chez les assis, j'espère peut-être un miracle, un signe d'amitié, que sais-je, une femme porte-bonheur, mais non, rien. J'arpente la scène, je regarde mes pieds marcher, je m'emprisonne dans mon trac. Je me dis ces mots de Rûmî, je me les hurle à l'intérieur : « La peur n'est qu'une porte d'ombre, traverse-la, sors dans la vie. » Oui, d'accord, mais comment je fais ? Dans la salle, la rumeur enfle. Elle va déborder, je le sens. Le rideau s'ouvre enfin. Pleins feux. Le présentateur du spectacle fait un signe de croix hâtif et bondit sous les projecteurs. Je m'enfonce dans la coulisse en attendant mon tour d'affronter le dragon aux têtes innombrables. Je tremble et je sue, mais qu'importe, je fais un métier prodigieux.

La soirée va bon train jusqu'à son terminus. Triomphe du bourru qui n'est pas un chanteur mais un homme qui chante, comme il l'a dit un jour à une journaliste dont les yeux soudain rétrécis n'ont pas perçu la différence. Nous sommes tous contents, soulagés, délivrés comme après un orage. Les gens s'en vont, heureux aussi. Georges et ses amis se retrouvent (c'est une vieille tradition) de l'autre côté de la rue, au fond d'un vieux bistrot aujourd'hui disparu : la Belle Polonaise. Je suis du nombre. On s'accumule autour de bières et de sandwichs. Brassens hésite encore sur l'ordre des chansons. Il en est deux, à ce qu'il sent, qui sont trop près l'une de l'autre. Question de couleur, de climat. Enfin, ça grince quelque part. D'accord, pas d'accord, on discute. Me demande-t-on mon avis ? J'ai oublié. Je m'entends dire que je n'en pense rien du tout. Deux ou trois regards s'en étonnent. Je précise donc mollement que j'avais besoin d'être seul, que je suis resté dans ma loge et que je n'ai rien entendu, ni début ni fin du concert. Je me dis : « Tais-toi », mais trop tard. Monsieur Georges hausse les sourcils. Aussitôt j'aggrave mon cas :

– Toi aussi tu t'es enfermé, tu n'es pas venu m'écouter, tu es resté au chaud jusqu'au bout de l'entracte.

Je dis cela d'un ton plaisant qui n'a l'air d'amuser personne. Fin de l'intermède. On m'oublie.

Le lendemain, bord de coulisse, mon ami Bertola est déjà au piano, de l'autre côté du plateau. Le présentateur, au micro, brode un peu autour de mon nom, avec son emphase ordinaire. Dans vingt secondes, c'est à moi. Je sens soudain quelqu'un tout près, à mon côté. Je jette un coup d'œil. C'est Brassens, ombreux, massif. Il ne dit rien. Moi non plus, je n'ai pas le temps. J'entre en scène, le cœur tonnant. Quand j'en sors, il est toujours là. Il ne fait aucun commentaire, il m'a écouté, tout du long. J'en ai presque la larme à l'œil. Je bafouille un pauvre « Merci ». Il me sourit, l'air un peu gauche. Il semble craindre, à rester là, d'embarrasser les machinistes. Il m'entraîne hors des remuements. À l'entrée du couloir des loges il sort de sa poche une pipe. Il me la tend. Elle est en terre, elle est longue, courbe, semblable à celles que fumaient, sur de vieilles photos, des grands-mères flamandes.

– C'est pour toi, me dit-il.

J'en reste éberlué. Et comme Nicolas, son bassiste éternel, passe dans les parages :

– Tu as accordé la guitare ?

Retour aux choses de la vie.

Un autre soir, avant le lever de rideau, à l'heure où l'on commence à s'inquiéter de tout, d'un possible enrouement, d'un texte qui s'embrouille, je le trouve en conversation avec un bonhomme sans âge manifestement aux abois. Je n'ai pas vu le père Georges lui signer le chèque espéré, mais j'entends l'homme dire, enfiévré, tremblotant :

– Tu me sauves la vie, je n'oublierai jamais. Mais ne t'inquiète pas, Georges, tu me connais, je suis un homme honnête. Tu auras dès demain matin ma reconnaissance de dette.

Brassens, bougon :

– Laisse tomber.

– Si, si, j'y tiens, insiste l'autre. On ne sait jamais, si je meurs, je veux que tu sois remboursé.

Sourire triste du bourru :

– Si tu nous faisais ce coup-là, tu crois que c'est le fric que je regretterais ?

L'homme en reste planté au milieu du couloir, à regarder le dos de l'ami qui s'éloigne.

Bien sûr, nous sommes tous multiples. Nous avons tous nos caves noires et nos greniers ensoleillés. Brassens fut comme tout le monde, heureux et malheureux, tout simple et compliqué. Je ne l'ai pas assez connu (tant mieux) pour tout savoir de lui. Mais je peux au moins témoigner de sa tranquille bienveillance, de sa timidité aussi, de sa pudeur, de sa tendresse que même ses chansons paillardes ne parvenaient pas à cacher. Et pourquoi ne pas l'avouer ? Cet homme-là fut le modèle du conteur que plus tard la vie a fait de moi. Le regarder chanter m'a appris l'essentiel : ne jamais essayer de passer pour un autre, être ce qu'on est, rien de plus, sans tricherie, sans artifice. Brassens chantait chez lui comme il faisait en scène. Il ne s'est jamais travesti. Il n'a jamais lâché l'être pour le paraître. Il était « d'une seule pièce », comme disait le Baal Shem Tov de je ne sais quel homme rare. Où qu'il soit, il était entier, présent de cœur et de corps simple. Je ne voyais rien de cela, au beau temps de la pipe en terre. Je me sentais insuffisant, j'étais, sur scène, un peu contraint, soucieux d'être « comme il faut » plutôt que librement nature. Je n'étais pas encore mûr. J'espérais la révolution. C'était là ce qui me semblait le plus rudement désirable. En vérité, je me fuyais.

Je vais faire un saut de cinq ans. Plutôt que d'attendre qu'ils passent, je crois que c'est le bon moment, tant qu'il occupe ma mémoire, pour clore mes « années Brassens ». En 1971, il se trouve que je m'inquiète, avec de rares bonnes gens, de réchauffement climatique, de couche d'ozone trouée, de pollution inconséquente, bref de ces choses dont ne parlent, en ces années insouciantes, qu'une poignée de marginaux sympathiques mais négligeables. Nous lançons une pétition contre la mise en train prochaine d'une centrale nucléaire du côté du Bugey, Savoie. Mes compagnons n'ignorent pas que je connais le père Georges.

– Sa signature, me dit-on, ferait sans doute assez de bruit pour réveiller pas mal de monde. Tu devrais aller lui parler.

J'y vais comme l'âne qui trotte, je suis certain du résultat. C'est un sensible, il va comprendre et signer, bien sûr, des deux mains. Il me reçoit nonchalamment. Je lui explique notre affaire. Il m'écoute, narquois, jette un coup d'œil au texte, me dit qu'il ne croit pas à l'efficacité de ces « lettres au bon Dieu ». J'insiste, j'argumente, il ne se rend pas compte, l'humanité est en danger, allons, Georges, un bon mouvement. Il me rend mon bout de papier. Il a un petit rire triste, il reste songeur un instant et lui tombent de la moustache ces quelques mots stupéfiants :

– Pour ce qu'elle vaut, l'humanité, je me demande bien pourquoi tu veux à tout prix la sauver.

Je reste un long moment sans voix. J'avais en ce

temps-là des convictions naïves mais solidement charpentées. Je croyais au progrès, le vrai, celui du désir de bonheur. J'estimais juste et nécessaire d'imaginer un monde neuf où l'on ne laisserait personne jouer avec la vie des gens. Ai-je vraiment changé, depuis ces années-là ? Oui, sans doute, mais peu, au fond. Je croyais, et je crois encore (sinon je me serais aigri), à la puissance de l'amour, à ces illusions débridées qui rendent la vie désirable. J'étais un militant de l'espoir triomphant envers et contre tout, et voilà que cet homme à la bonté tranquille dressait un mur infranchissable entre son regard et le mien. Je ne sais plus comment j'ai pris congé de lui. J'ai presque honte de le dire, je tenais plus à mes idées qu'à l'affection que j'éprouvais pour cet ami rare entre tous. J'ai su plus tard que j'avais tort. J'étais idéaliste et sot, lui bienveillant et misanthrope. On pourrait en faire une fable. Je n'ai jamais revu Brassens.

Retour cinq ans avant ce jour, un soir de printemps, rue Daguerre. Je vais dîner chez des amis. J'entre dans un bistrot-tabac pour acheter de quoi chagriner mes poumons. Je sens sur mon épaule une main se poser. Je me tourne, surpris. Un homme est là, planté, imposant comme un arbre. Il me tend la main. Il me dit :

– Tu es Gougaud, moi Vidalie.

Avant même qu'un mot ne sorte de ma bouche il fait face d'un bloc aux clients attablés et lance à voix de basse noble, solennel comme à l'opéra :

– Saluez cet homme, messieurs, c'est l'auteur de *Paris*

ma rose, l'une des plus belles chansons jamais écrites sur Paris.

Et sans plus tarder il attaque, le front haut, le premier couplet. Je ne sais pas où me fourrer. Heureusement, il perd des mots. Quatre ou cinq applaudissements et quelques quolibets d'accoudés au comptoir l'aident à sortir sans trop de mal de sa redoutable entreprise. Je lui serre la main, je fuis. Il est ivre comme un tonneau. Je ne le verrai jamais sobre.

Vidalie, dit le Grand Albert ! Il fut l'ivrogne magnifique qui écrivit *Les Loups* pour Serge Reggiani, entre autres chansons populaires, dialogues de films cent fois vus (salut, *Capitaire Fracasse* !) et romans enviés du chanteur que j'étais. J'aurais aimé avoir écrit *Les Bijoutiers du clair de lune*. Il est mort sans que je l'aie su en 1971. J'aime qu'il soit dans ma mémoire toujours présent, comme chez lui. Me revient un moment touchant et jamais sorti de mes ombres. Pourquoi ce souvenir de presque rien du tout est-il resté en moi si présent, si précieux ? Avant même que je le dise, je le sens qui m'émeut toujours. Ce n'est que quelques mois après notre rencontre que j'ai retrouvé mon Albert parmi les amis de Brassens. Les autres ont toujours ignoré notre complicité discrète. Je l'ai de temps en temps revu au bistrot de la rue Daguerre, à l'Écluse aussi, certains soirs. J'aimais sa parole un peu lasse mais parfois tant inattendue qu'après elle je me taisais, j'écoutais, étonné, son silence songeur. Oui, je crois qu'il avait quelque affection pour moi, mais cela ne se disait pas entre hommes de notre nature.

Or, voilà qu'une après-midi on sonne à ma porte. Je grogne. Mon ciel se couvre, je travaille, je n'attends personne, et surtout je me méfie des importuns. Je me prépare à voir paraître le sourire cauchemardesque de deux témoins de Jéhovah (ces gens-là vont toujours en couple), mais non. Sur le seuil, Vidalie. Il est venu m'offrir un de ses derniers livres, *Le Pont des Arts*. Il me le tend. Je m'ébahis, joyeux, je l'invite à entrer. Il refuse d'un mot à peine prononcé, il s'en va, tout à coup pressé, il a l'air de fuir, c'est étrange, il est déjà dans l'escalier. Je n'ose le poursuivre, je l'appelle, mais non, il veut les choses ainsi. Pourquoi son geste inattendu m'émeut-il autant ? Je l'ignore, et je ne veux pas le savoir. Mais le fait est que son grand corps dans la pénombre du palier, son vague sourire gêné et sa fuite en catimini resteront à jamais dans mon livre d'images que quelqu'un fermera à la fin de ma vie. Aucun de mes rares amis parmi les auteurs de romans n'a jamais eu pour moi une telle attention. Et puis je me demande encore où il a trouvé mon adresse. Il n'est jamais, avant ce jour, venu jusque devant ma porte. Nous ne nous sommes jamais vus que dans des bars, ou chez Brassens. L'énigme est toujours là, je la garde, elle me plaît. Qu'est-ce qui pousse les souvenirs à faire leur nid dans nos crânes, ou à nous fuir sans au revoir ? Que m'importe, Albert, dans mon cœur, reste plus présent que jamais. Allons, une dernière histoire, comme le coup de l'étrier avant de reprendre la route. Brassens aimait la raconter, et j'espère bien qu'elle est vraie.

Un soir, dans le café-tabac à l'angle de la rue Daguerre où il en finit, d'ordinaire, avec sa tournée quotidienne des bistrots du quartier Denfert. Il est une heure du matin. Le lieu sent la sciure humide. Seul s'obstine un dernier client, accoudé à son guéridon, apparemment déterminé à contempler entre ses poings son ballon de breuvage rouge jusqu'à ce qu'il réponde à ses questions muettes. Le patron, dans la salle vide, torchonne les dernières tables. Il bâille, il traîne la savate, il ne supporte plus ses pieds, il accuse le dieu des travailleurs flapis de cruauté mentale. Il se décide enfin. Il dit :

– Monsieur Vidalie, s'il vous plaît, faut aller au lit maintenant.

Albert, l'œil vague mais buté, la voix pâteuse mais sonore :

– Silence, tavernier du diable. Je ne peux pas sortir d'ici. Il y a un lion sur la place.

Il dit vrai, c'est indiscutable. La place Denfert-Rochereau, à portée d'œil de la taverne, héberge, en son centre, un lion. Il est énorme, mais en bronze. On n'a jamais entendu dire qu'il ait un jour croqué un ivrogne passant devant son piédestal. L'autre sent monter la moutarde. Il la renifle vaillamment, il tente de la maîtriser, mais le point de rupture est à portée de voix.

– Monsieur Vidalie, restez calme.

Le bistrotier, lui, ne l'est plus. Il se permet, il ose, il braille :

– Je ferme. Compris ? Vous partez. Sinon, j'appelle la police.

Geste auguste du Grand Albert.

– Appelez, mon cher, appelez, mais ne vous éloignez pas trop.

Il dresse un index sentencieux.

– C'est l'heure redoutable où les lions vont boire.

L'autre, plus que jamais rogneux, assure son torchon sur son épaule droite et sort en crachotant des « Nom de Dieu » partout. Il s'en revient avec deux agents débonnaires, képi, cape bleue, bâton blanc, semblables à ces flics « braves gens » qui traversaient jadis les films en noir et gris. Ces deux-là, heureuse surprise, sont des familiers du quartier. La preuve :

– Monsieur Vidalie ! s'exclament-ils, les bras ouverts.

Embrassades de vieux amis. Il va de soi qu'ils se connaissent depuis d'innombrables cuvées, et qu'il y a trop longtemps qu'ils ne se sont pas vus pour ne pas fêter la rencontre.

– Prenez place, messieurs. Tavernier, la bouteille. Grand merci, nous nous servirons.

L'interpellé, à bout de peine, efface d'un revers de bras la sueur qui mouille son front et laisse pleurer ses yeux pâles. Il n'a plus, manifestement, la force de désobéir. Il brise son épée sur l'autel du destin et se laisse glisser par terre contre le comptoir du tabac. Il abandonne tout espoir. Il élabore, somnolent, de sanglants projets d'attentat contre les buveurs noctambules, il aimerait imaginer d'inavouables cruautés mais il a sommeil. Il s'endort. Passe une heure de nuit. Alors à quelques pas de lui les compères se dressent ensemble, si farouchement décidés que les trois chaises se retrouvent rebondissant sur le plancher. Comme ils longent le corps du bistrotier fourbu, le flic qui va devant, le képi aux sourcils, le révolver au poing, lui lance, l'air bravache :

– Dormez tranquille, mon ami, le périmètre est sous contrôle. Il y a un lion sur la place, mais voyez, nous sommes armés.

Et ils s'enfoncent dans la brume, le pas prudent, rasant les murs.

Je reverrai Albert une dernière fois, vers la fin mai, en 68. Il était debout sur le socle du fameux lion de Denfert. La poitrine enfin déployée, le poing tendu, la tête haute, le gueuloir puissamment sonore, il haranguait la vaste foule assemblée à perte de vue. Et que clamait-il, véhément, torrentueux, intarissable ?

« Brisez vos fers, forcez vos geôles !
Quoi ? Vous avez peur de ces drôles !
Vos pères bravaient les titans ! »

Victor Hugo, *Les Châtiments*. À le contempler, fasciné, m'est venue un instant la folle conviction qu'il portait à lui seul tous les espoirs du monde. Les gens l'écoutaient-ils ? Pas beaucoup, mais qu'importe, Albert parlait d'amour au ciel du mois de mai, à quelques cœurs ouverts, çà et là, dans la foule, aux oiseaux vagabonds qui lui tournaient autour, il me parlait à moi qui me disais : « Vraiment, personne ne le sait, mais nous écoutons là un de ces innocents, un de ces inspirés qui mettent Dieu au monde et qui pourtant ne croient en rien. »

Nous ne nous sommes pas revus. Je ne sais qui ou quoi a séparé nos routes. Il est vrai que ma vie, après ces jours heureux, a pris un cours étrange. Que me reste-t-il de ce temps ? Si je m'aventure aujourd'hui dans mon « palais de la mémoire » (saint Augustin appelle ainsi ce lieu où nos souvenirs dorment), ce qui se réveille, d'abord, c'est une fête de visages, de paroles, de gens heureux. Je précise, par parenthèse. Un ami cher et toujours proche, bien qu'il ait quitté son vieux corps, m'a dit un jour ces mots qui ont entrebâillé, dans mon esprit ombreux, une porte nouvelle (c'était à l'atelier de la rue de Montreuil, nous venions d'arriver, il ouvrait les fenêtres) : « Je n'ai pas de passé, je n'ai que des mémoires. » Et comme je lui demandais, si possible, d'être plus clair, voici, à peu de chose près, ce qui me fut dit ce jour là.

La conscience de la durée nous pousse à penser que nos vies se déroulent sur un chemin qui s'effondre, derrière nous, à chaque pas, dans le néant, et qui fatalement nous mène à cette absence de partout appelée, d'ordinaire, « mort ». Mais nous ne sommes pas forcés de nous soumettre aveuglément à la dictature fatale de ce qui nous pousse sans cesse du passé sans retour au futur sans espoir. Nous avons en nous un lieu sûr où vit la mémoire des sens. Cette mémoire-là n'est pas soumise aux lois de l'usure ordinaire, elle est notre vraie vie hors des années qui passent, elle est ce paysage ancien, cette musique qui revient, ce parfum de pêche à midi, cette sieste au mois d'août bercée par les cigales, toutes choses qui n'ont pas d'âge, qui accourent, à peine appelées, comme elles étaient le jour où elles furent vécues. Ainsi, de ce printemps aussi vivant que moi, je ne veux éveiller que de ces moments-là. Mai 68 fut-il une révolution, un jeu, une illusion, trente jours de pagaille ? Pour dire tout net, je m'en fous. « Laissez tomber vos certitudes, vos croyances, vos opinions, ce sont des feuilles bientôt mortes. Vivez plutôt vos vies, vos mille et une vies », m'a dit encore cet ami qui fume son « Taco » en m'attendant, là-bas, dans deux ou trois chapitres. Voici donc un de ces instants qui me demeurent inoubliés. Je le sens presque inexprimable. J'espère ne pas l'abîmer.

Boulevard Saint-Michel. Une fin de nuit calme. Je reviens d'une réunion de forts en gueule peu audibles au théâtre de l'Odéon. Je suis seul. Paris est désert, je l'aime ainsi, je le savoure. Et comme je descends, léger, vers le carrefour Saint-Germain, au loin une musique naît. Elle semble amuser le silence. Je m'arrête sur le trottoir. Elle m'attire. J'hésite à peine. Je joue à me laisser guider. Me voici devant la Sorbonne. Le portail est ouvert. Personne aux alentours. Je m'aventure dans la cour. La statue de

Victor Hugo porte à son cou un foulard rouge. À ses pieds un jeune homme habillé d'un poncho joue de la flûte traversière. Personne d'autre, ici, que nous. Je m'assieds dans un coin de mur. Plus de discours, plus de débats, plus de révolution, plus rien qu'une mélodie dans l'air calme et la lune brumeuse au ciel. Même la cour du paradis ne saurait être plus paisible. Je regarde Victor, son visage penché qu'effleure sa main gauche. Je ne le quitte plus des yeux. Il a l'air d'écouter un chant qu'il n'avait jamais entendu, un chant qui n'osait pas entrer à la Sorbonne et qui s'y trouve enfin chez lui. Je ne sais pas combien de temps nous sommes restés là, ensemble, tous les trois, tous les quatre avec la musique. Une heure, moins peut-être ? Non, une éternité où aujourd'hui encore il me plaît, certains soirs, d'aller me reposer.

11 mai, autre nuit, turbulente, vivace, débordante, trouée d'oublis. C'est le soir du gala du *Monde libertaire*. « Gala », mot désuet devenu ridicule, je sais, mais ne te moque pas, mon fils. Léo Ferré est au programme. Moi aussi, pas Léo Noël. Me revient le jour mal fini de notre rencontre, ici même. Vieux moment gris, presque effacé. Je me revois tel que j'étais, timide, prêt à tout sauf à me voir partir comme j'étais venu. Je ne suis plus cet étudiant égaré parmi les artistes. Ai-je grandi ? Je ne sais pas. En tout cas, je me sens un autre. La Mutu se remplit, on y vend des journaux, on s'interpelle, on parle fort. Dehors, partout dans le quartier, un vent

nouveau remue les rues, il frémit jusque dans la salle. Ferré arpente la coulisse, il parle trop vite, à mots brefs, il se planque au bord du plateau pour observer les gens qui entrent, il s'inquiète de Castanier, son pianiste aveugle, si calme. Il vient à lui dix fois, vingt fois, il lui demande si ça va. L'autre pianote dans son coin, répond d'un hochement de tête. Léo a déjà l'œil ailleurs, il s'en retourne explorer l'ombre. Je le croise, il me dit :

– C'est un public en or, t'angoisse pas, ce sont des frères.

Nous ne nous sommes jamais vus. Peu lui importe, apparemment. Je suis là, donc de la famille. Il me dit encore, à mi-voix :

– Tu fais les cabarets du coin ?

– Oui, l'Écluse.

– C'est bien, l'Écluse. J'y ai chanté, mais pas longtemps, j'y ai fait surtout le pianiste. Je n'avais pas de cheveux blancs.

Il sourit, le regard lointain. Nous voilà copains de toujours.

C'est mon tour. Il me pousse en scène. Je le devine à quelques pas, derrière le bord du rideau. Je vois un bout de sa crinière. Il applaudit chaque chanson. Sa présence me fait du bien. Je sors, je le frôle en passant, il ne dit rien, mais ses yeux parlent. Quelques journalistes, à l'entracte, viennent lui tendre leur micro. Il les rabroue. Il grogne, il râle :

– Que voulez-vous que je vous dise ? Ce que je pense de la vie ? Je ne pense pas, moi, je chante.

Il dit ce dernier mot fièrement, le front haut. Il me désigne, il grince encore :

– Allez plutôt voir le petit, c'est de lui qu'il vous faut parler. Le talent de demain matin, cherchez pas plus loin, il est là. C'est moi, Ferré, qui vous le dis !

Le voici sous les projecteurs. Il emplit tout, salle et plateau. On entend des « Vas-y Léo ! ». La sueur fait cligner ses yeux, il ruisselle mais il s'en moque. Il est chez lui. Il est heureux. Il donne, il offre tout, ce qu'il a, ce qu'il est. Il ne salue pas, il embrasse, les bras ouverts, le monde entier. Fin du gala. Rideau. On rallume la salle. Maurice vient à l'avant-scène (Maurice Joyeux, « ma p'tit' vieille ! »). Il annonce aux gens qui s'ébrouent que le peuple de la Commune se relève d'entre les morts.

– Paris s'insurge. Pas sans nous ! Mes amis, tous aux barricades !

Une clameur enthousiaste se répand hors de la Mutu.

Ne me reste, de cette nuit, qu'un moment de temps suspendu, violent, précis, ineffaçable. Quai des Grands-Augustins, à deux pas de l'Écluse. Un car de CRS passe. Les pavés volent autour de moi. J'en serre un dans le poing. Je ne le lance pas. Je le regarde, bouche bée. Qui donc l'a ramassé, à l'instant, à mes pieds ? Moi ? Mais non, je m'en souviendrais. Je reste là planté, vaguement ahuri dans la bousculade des corps qui courent, chantent, vocifèrent. Je suis seul tout à coup, seul comme un évadé que l'on ne poursuit plus, et c'est bien, je m'étais perdu, je me réveille d'un sommeil peuplé d'ombres tumultueuses.

Je sais ce qui m'est arrivé. La foule est une drogue dure. Combien de temps (je ne sais pas) a-t-elle gouverné mes gestes, mes assauts, mes fuites, mes cris ? Combien de temps a-t-elle obscurci mon esprit ? Peu importe, tout se rallume, je me sens soudain des yeux neufs. Je laisse tomber mon pavé. Je ne suis plus de cette houle qui déferle, hurlante, et reflue. J'en suis sorti, me voilà libre. Je peux assister au spectacle, je peux les regarder courir, ces débridés enthousiastes, proclamer la fin du vieux monde, brandir des drapeaux enflammés, hurler que ce n'est qu'un début, défier les briseurs de rêves, leurs boucliers, leurs longs bâtons et leurs masques cadenassés. Du coup, je trouve cette nuit magnifiquement hugolienne. Je me dis que nous écrivons la Légende de notre Siècle, mais je n'obéis pas aux cris de ralliement, et si je me retrouve un moment dressé droit sur une barricade d'arbres renversés parmi les pavés, ce n'est pas pour braver les centurions casqués qui s'avancent sous une grêle de cailloux et de bouts de fer, mais pour tenter de voir aussi loin que possible les feux, les gens et les dégâts.

Autant dire la vérité, puisque l'occasion m'est donnée : je n'ai jamais lancé un pavé de ma vie, pas même une invective, un slogan insultant. Ces choses-là se font en groupe, et je ne sais pourquoi l'aboiement collectif m'inspire une sorte de honte. Je n'ai jamais été un bon manifestant. De fait, je retourne toujours à ma solitude de fond, limpide comme un lac de grotte où se reflètent les images d'un monde plus ou moins réel, celui où je tente de vivre.

Je me retrouve au petit jour aux alentours du Luxembourg, où les oiseaux que rien ne trouble, même pas la révolution, pépient dans les feuillages à peine réveillés. Je ne sais pourquoi je suis seul. *Que sont mes amis devenus ?* Léo a chanté tout à l'heure, sur la scène de la Mutu, cette chanson de Rutebeuf. J'ai l'impression qu'elle m'a suivi, tendrement vive, jusqu'ici. Plus d'émeutiers, plus de police, tout le monde est allé au lit. Ce que je vois me stupéfie. Jusqu'au fond des brumes de Seine ne sont que feux à peine éteints, voitures renversées et troncs d'arbres sur elles, barricades aggravées de meubles dépecés, lambeaux de vêtements traînant dans des gravats. Il me vient un rire incrédule. C'est nous, vraiment, qui avons fait ça ? Je ne peux empêcher je ne sais quel enfant, derrière mes yeux ébahis, d'en éprouver quelque fierté. De la rue Gay-Lussac sort un camion poubelle, avec ses deux gaillards accrochés à l'arrière. Ils me lancent en passant quelques bribes d'insultes. Je n'imaginais pas les voir scandalisés par ce désert brumeux encombré des reliefs de la gigantesque bombance.

Je ne comprends pas. Eux non plus. Ils désapprouvent la révolte. Je croyais le peuple avec nous. Le camion vert me frôle presque. Je suis sûr qu'il l'a fait exprès. Je le regarde s'éloigner. Le petit jour soudain se fait mélancolique. Je monte vers le Panthéon. Je me souviens exactement de ce coin de la rue Clotilde. Là stationne un car de police. Je veux passer outre, mais non, deux flics me viennent droit dessus. Ils me rabattent contre un mur où sont alignés quelques types aussi dépenaillés que moi. On entend, dans le car, des bruits antipathiques, cris, mots haineux, cognements lourds. Je me dis, étrangement calme, que je vais passer à tabac.

8

Face à face, muets, deux rangs de CRS armés d'indifférence brute, de ceinturons à révolvers et de menaçantes matraques fermement tenues à deux poings. Entre eux, quinze à vingt prisonniers, inquiets, fourbus, crasseux des savates aux cheveux. Me voilà des leurs. L'aube est fraîche, elle me ravigote l'esprit. Je nous vois aussi misérables que les rebuts d'un ouragan jetés là, au bout de la nuit, sur la rive du petit jour, mais je n'en suis pas accablé, le ciel dit qu'il va faire beau. Je pense sottement que ce soir ou demain, quand je leur conterai mon horrifique épreuve, j'aurai de quoi soûler mes amis ébahis de points d'exclamation. En tête de la file est le fourgon fermé d'où sortent des bruits sourds de corps jetés en vrac, de gnons, de coups de pied rudement ponctués de ces sortes de plaintes qui font grimacer les témoins, surtout s'ils sont privés d'image. En queue, moi seul, dernier venu. Je suis encore loin, à un quart d'heure au moins, de la grêle de baffes et de bâtons volants qui m'est apparemment promise. Je peux réfléchir, j'ai le temps. Quelque chose, je ne sais quoi, se trame presque à mon insu dans mon laboratoire intime. Je n'ai rien d'un martyr de la foi libertaire, je devrais trembler, m'effrayer, peut-être lâchement supplier qu'on m'oublie. Non, je vais bien. Je m'en étonne. Je ne me vois pas bastonné. De fait, je me sens protégé. Par qui ? J'ose à peine le dire. Par l'ombre tranquille de l'arbre qui de toujours veille sur moi. À chacun ses enfantillages, j'aime jouer à croire en lui. J'éprouve en vérité une sorte d'orgueil d'aristocrate inattaquable. Dans quel recoin fantasmatique se cachait-il, ce monsieur-là ? Je n'en sais rien. Qu'importe, il est le bienvenu. Je le sens joueur, il m'exalte. Je m'entends dire au flic le plus proche de moi :

– Je veux voir votre capitaine.

Ma voix ne semble pas l'atteindre. Il la regarde s'envoler. Je répète plus fort, plus sec. Un homme s'approche.

– C'est moi.

Il est grand, il me fait de l'ombre. Il est large, il ne m'effraie pas. Je l'intrigue, je l'intéresse, je l'amuse aussi, vaguement. Il a la sûre nonchalance d'un rugbyman de cent kilos. Il n'attend rien de moi, son œil luisant le dit, qu'un moment de récréation. Il me toise. Des mots me viennent. Je me raidis, le menton haut. Je m'entends m'indigner, sévère, à mots choisis. Je l'engueule, mais noblement. Il en paraît assez surpris pour laisser aller ma diatribe sans oser en couper le fil. Je l'accuse d'abord de vilenie barbare. Le mot « vilenie » l'impressionne, la preuve, il fronce les sourcils. J'ajoute sans hausser le ton qu'il est scandaleusement bas de rosser des gens sans défense dans une cellule ambulante plantée à l'abri des regards.

– Pourquoi les enfermer, monsieur le capitaine ? Pour dissimuler votre honte d'agir, vous, gardiens de la paix, comme de vulgaires voyous ?

Ma voix s'affermit. Je m'enflamme. Il se demande qui je suis. Un fils de ministre ? Qui sait ?

– Est-il juste, est-il respectable, est-il républicain, monsieur, et digne du chef que vous êtes, d'autoriser vos policiers à cogner des poings et des pieds sur des vaincus inoffensifs ? Même les prisonniers de la dernière guerre n'ont pas été si mal traités. Avez-vous perdu tout honneur ?

Il veut parler.

– Non, s'il vous plaît. Encore une question, monsieur le capitaine. Je n'en dirai pas la réponse, j'espère de tout cœur que vous la connaissez. Pourrez-vous conter sans mentir votre journée à vos enfants quand ils rentreront de l'école et qu'ils voudront savoir, peut être, si vous avez bien travaillé, s'ils peuvent être fiers de vous ?

Je me tais. J'entends :

– Tire-toi.

Je regarde l'homme impassible, aussi raide que je le suis. Ses yeux me semblent rétrécis. Il a parlé entre ses dents, à voix sèche mais presque basse. Il tourne brusquement les talons, il s'éloigne. Moi aussi. On me laisse aller.

Je me sens ivre mais paisible. Je m'en vais. Le jour m'éblouit. Haut dans le ciel du Panthéon, on dirait que les oiseaux dansent. Je longe un long mur, rue Clotilde. Je marche sans hâte et pourtant je me dis qu'ils vont me poursuivre, je n'ose pas me retourner, je crains une ruée de flics brusquement réveillés d'un sommeil anormal. Derrière moi (dans quel pays ?) les bruits, les grondements de l'orage de tôle s'éloignent, s'estompent, s'effacent dans le silence du matin. Personne dans la rue. Le jour se lève à peine. Alors, dans la paix revenue, m'envahit une peur panique tant soudaine qu'inattendue, une peur de diables partout, une peur qui m'emporte et me force à courir comme si tout à coup une ogresse affamée évadée du fourgon maudit cherchait à m'agripper la nuque, à me trouer le dos, à m'arracher le cœur. Je cours, tant effréné que ma tête et mes yeux naviguent dans le flou, je cours jusqu'à ne plus pouvoir, je cours jusqu'à respirer rauque, jusqu'à me laisser choir, enfin, dans un coin de porte cochère. Je me recroqueville, je retrouve mon corps, mon crâne est un nid de bourdons. Je dois être rue Gay-Lussac. Je ne sais pas comment j'ai fait mais là, c'est sûr, je suis sauvé. Des gens passent sur le trottoir, un taxi embarque un client, personne ne prend garde à moi. Je respire, je laisse aller ma carcasse tétanisée. Alors tout à coup m'envahit un tremblement extravagant, incontrôlable, tyrannique. Il me secoue comme un pommier un jour de cueillette sauvage. Mes mains ne m'obéissent plus, ni mes dents, ni même mon souffle. Je reste cloué là, tressautant, ridicule à vouloir me dresser debout. Je ne peux pas sans m'appuyer au mur qui me vient sous la main. D'accord, je reste assis, je pose le menton sur mes genoux pliés. Je décide de laisser faire, d'attendre que mon ouragan s'en aille secouer ailleurs. Il se calme enfin. Moi aussi. Tandis que je rentre chez moi, d'une fenêtre ouverte à hauteur de regard (on fait le ménage, dedans) me vient une voix de radio. Elle commente de bon matin les bruits d'émeute de la nuit. Elle parle de nous. Tout va bien.

Dans le palais de la mémoire, l'air est tel que rien ne flétrit. De ces jours offerts à ma vie, je me souviens de mots jamais dits à des murs, de soleils de craie dessinés autour d'un vieux portail d'église. Je me souviens de cet appel peint sous un pont, en hautes lettres : « S'il te plaît, téléphone-moi. » Pourquoi ces mots mille fois lus ont-ils toujours fait naître en moi une prière suppliante, un élan d'urgence absolue ? Je me souviens d'une terrasse où une fille et deux garçons autour d'un accordéoniste nous chantaient *Le Temps des cerises* presque à mi-voix, comme il faut faire quand on veut réveiller des fantômes aimés. Je me souviens, sur un trottoir, à quelques pas de la Sorbonne, de Cohn-Bendit et d'Aragon discutaillant passionnément au cœur d'un cercle de badauds sans téléphones photographes, mais avec cette audace gaie qui pousse à tenter un poème devant celui qui l'a écrit, et qu'on rencontre dans la rue. Je me souviens d'affiches imprimées au pochoir. Nous allions les chercher dans la cour des Beaux-Arts, par paquets de trente ou cinquante. Elles étaient à coller d'urgence, n'importe où. J'aimais leurs dessins jamais vus, leurs slogans jamais dits, aussi forts que nos voix. Je n'en ai pas gardé la moindre. Non, je ne le regrette pas. Il me plaît qu'elles aient disparu, évaporées avec le reste. Je me souviens de nuits de débats enroués, de projets de livres sauvages à distribuer aux passants, de mes premiers cours de chinois qui ne passeront pas l'été. Je me souviens de mes amis, « d'aussi près tenus et tant aimés », éparpillés après l'automne. Je ne me souviens pas du 24 mai.

Cette nuit-là, on fait la guerre, on ne joue plus, on cogne dur. Le vieux monde résiste aux ruées débridées. Des barricades flambent au loin. Où suis-je donc ? Je ne sais pas. Le boulevard déborde, on s'enrage partout. Des reflux, des poussées confuses m'entraînent au large des assauts. Des reporters planqués contre un kiosque à journaux essaient, derrière leur micro, de s'entendre hurler plus fort que la tourmente environnante. Images sombres du trottoir couvert de débris de vitrines où sont ces parleurs effrénés qui cherchent à voir de loin et restent prudemment à l'abri des vols de pavés et des explosions fumigènes. Des rumeurs courent, elles nous traversent, on les attrape, on les répète avec la sombre excitation des porteurs de sales nouvelles. Il y a des morts, dit-on (c'est faux), des blessés aussi, par dizaines. L'hôpital de la Salpêtrière fait appel aux donneurs de sang. La radio le dit et redit. Je suppose donc que c'est vrai. Je suis fatigué du vacarme. Le jour se lève. Je m'en vais.

De ce qui suit je me souviens comme de moments frais cueillis. Je n'ai qu'à pousser une porte qui ne demande qu'à s'ouvrir pour retrouver la brise vive, l'orage émeutier qui se perd dans le ciel plus vaste que lui, le petit jour qui court les rues, le vieil hôpital endormi, les odeurs mouillées de l'allée qui mène à son entrée déserte. Je suis venu donner mon sang, puisqu'il semble que l'on en manque. Le hall est quasi vide. Il dort. L'infirmière qui me reçoit (je la dérange, elle téléphone) me répond que oui, un instant. À celui qu'elle a dans l'oreille :

– Je te rappelle, bouge pas.

Pièce d'identité, formulaires, tampons.

– Signez là. Merci. Suivez-moi.

J'entre dans une salle aux murs et plafond gris où sont alignés quelques chaises, une table basse encombrée de journaux cent fois feuilletés, un banc sous la haute lucarne qui aide un tube de néon à diffuser sur les assis une lumière maladive. Trois ou quatre émeutiers plus ou moins éreintés, affalés sur les sièges en plastique violet, commentent de vagues nouvelles. Nous échangeons des saluts sobres. Sur le banc, à l'écart, est un corps étranger, je veux dire un être impeccable venu d'un surprenant ailleurs. Les autres ne s'en soucient pas. Leur indifférence m'étonne. Moi, des gens alentour, je ne vois soudain plus que lui. Sa présence en ce lieu m'intrigue. Je me laisse attirer, je traverse la salle. Il me regarde m'approcher, la mine polie, accueillante. Son âge ? Moins de la trentaine. Rasé de près, coiffé de frais, chemise, cravate, gilet, costume couleur feuille morte, chaussures de ville assorties visiblement lustrées de frais. Il porte au revers de la veste une discrète fleur de lys. Je risque un sourire railleur. Je lui dis :

– Qu'est-ce que tu fais là ?

Il me répond tranquillement :

– Ce que vous êtes venu faire.

Apparemment, c'est un vrai noble. Je regrette mon tutoiement, je me sens gêné. Je ricane :

– Quoi, donner de votre sang bleu à des insurgés anarchistes ?

Il rit un peu, par politesse.

– J'ai entendu à la radio, tout à l'heure, un appel à l'aide. Je suis donc venu, voilà tout.

Il m'examine, hésite un rien, et dit encore, malicieux :

– Nous sommes, semble-t-il, taillés du même bois, puisque nous voilà côte à côte.

Je lui réponds, vif comme un coq :

– Ces blessés sont de mes amis. À tout le moins, ils pourraient l'être. Je ne crois pas qu'ils soient de votre confrérie.

– Ils ne le sont pas, en effet. Mais à qui m'appelle au secours, je ne demande ni son nom ni ses opinions politiques.

D'un bref coup de tête, j'approuve. Cet homme-là, tout compte fait, me surprend autant qu'il me plaît. Mieux encore, il m'émeut. Je me tais un moment, lui aussi, puis je tente :

– Vous êtes chevalier ?

J'hésite au bord du mot, je le trouve enfantin. Pourtant, il m'intimide. Je veux en plaisanter, je l'exagère un brin. Il semble réfléchir. Il me répond :

– J'espère.

Nouveau silence long, puis, relevant le front :

– Je crois ne m'être pas trompé. Nous sommes faits du même bois. Je ne vous imagine pas refusant votre sang gauchiste à un royaliste blessé.

Je ris, faute de mieux. Je ne sais que répondre. Lui ne me sourit que des yeux.

Une porte s'ouvre à demi, quelqu'un claironne un nom, le sien. Nous voici debout, face à face. Notre poignée de main est forte et silencieuse. Je le regarde s'éloigner. Comme il franchit le seuil il se tourne et me lance :

– Un mur m'a dit, l'autre matin, ces mots dont je nous fais cadeau : « La monarchie, la vraie, c'est l'anarchie plus un. »

Un signe de la main, la porte se referme. Je n'ai pas retenu son nom. Nous ne nous sommes pas revus.

Juin, juillet, été, automne, un à un les lampions s'éteignent Les avions-nous crus éternels ? Bien sûr que non, et pourtant oui. Les mots renâclent tout à coup. Ils n'ont pas envie d'éveiller les souvenirs au sommeil lourd qu'il me faut pourtant remuer. Le grand vent du printemps nous a changés de monde, nous ne pouvons pas revenir, comme après un mois de vacances, à notre ordinaire ici-bas. L'âge d'or n'était qu'un mirage, mais on ne veut pas le savoir, on ne peut pas s'y résigner, on refuse de retourner, après la lumière entrevue, à nos grisailles quotidiennes. Ils ne mesurent pas, ceux du monde banal, la profondeur de la blessure, d'autant que la machine à gouverner les gens, à peine l'alerte passée, s'empresse d'étouffer, entre autres manigances, ce cri de mutant nouveau-né qui oppose l'amour à la loi du plus fort. « Faites l'amour, pas la guerre ! » N'est-ce pas là le premier mot d'une révolution majeure sans précédent sous notre ciel depuis la parole avortée de Jésus, ce fils de personne ? Cultiver l'art de vivre ensemble, n'est-ce pas le désir, le rêve, l'espérance de la plupart des gens ? Mais non, on s'en goberge, on en fait un slogan de marchand de voitures, un décor de fleurs en vitrine, une mode bientôt fanée, un bêlement de vieux benêt, et les intelligents ricanent. L'amour ? Allons, soyons sérieux ! On le moque, on le singe, on fait rire de lui entre cyniques de bon goût. Pendant ce temps, parmi les naufragés de mai, on apprend sans étonnement des suicides de vieux amis, certains partent sans au revoir chercher dans des pays lointains ce qu'ils n'ont pas su mettre au monde, d'autres tentent, entre fous aveugles, d'inventer à l'écart du monde une vie digne d'être aimée.

1970. Nous vivons en communauté. Aucun d'entre nous ne va bien, mais nous faisons bonne figure, nous sommes encore sûrs que nous avons raison, ou du moins nous voulons le croire. Nous refusons l'amour bourgeois, façon militante de dire que nous avons envie d'explorer d'autres lits, mais qu'il serait réactionnaire, pour le conjoint laissé dehors, d'en faire une crise de foi. Monique se découvre enceinte. Problème : je n'y suis pour rien. Elle tient à garder son enfant. Suis-je d'accord ? Bien sûr que oui. Voilà la parfaite occasion de montrer à tous que je vis à la hauteur de mes idées. La vie est sacrée, nom de Dieu, donc, bienvenue en ce bas monde ! Je me sens seul comme jamais dans ma barque sans gouvernail, Je fais le fier. Je suis en ruine. Mais je suis ainsi fait qu'il ne m'est pas permis, quand un vivant frappe à la porte, de le laisser mourir dehors. Je crois être digne d'estime, mais non, je ne suis que perdu, incapable de tout quitter pour un ermitage inviolable, le temps de retrouver l'envie de compagnie. Je me souviens, en ce temps-là, avoir envisagé l'idée que je m'étais en tout trompé. Me venaient, la nuit, des questions et des réponses redoutables : « Et si la vie était maudite ? Si elle n'était, tout compte fait, qu'un département de l'enfer ? Et si j'étais un sot risible de la vouloir à toute force d'une incomparable beauté ? De l'amour en qui je croyais, je ne connais plus le visage. Est-il un mirage de plus ? Un fardeau ? Un reste d'ivresse ? Une grimace de démon ? Ou peut-être une ruse d'ange qui sait, lui, où je dois aller, et qui me guide, à mon insu ? » Je veux, je m'oblige à le croire, mais j'enrage de constater que je ne suis plus sûr de rien. Notre communauté bientôt se décourage. Nous nous aimons de moins en moins. Les regards se fuient, puis les corps, et chacun emporte avec lui son sac de regrets, de silences, de rancœurs, de mélancolie.

Ma vie change de cours, de femme, d'habitudes. Un soir, chez une amie qui m'a prêté son lit le temps que je m'en trouve un autre, je refais dans le noir mon drôle de chemin. La révolution espérée n'est plus qu'un vieux théâtre vide. Mes amours vont de-ci de-là, sans vrai bonheur ni mélodrame. Je n'ai plus de chez-moi. Ma maison, c'est mon sac. Les cabarets sont comme moi, ils font semblant d'être contents, mais on sent venir l'épilogue des longues soirées entre amis, quand l'Écluse était hors du monde, quand la nuit était toute à nous. On sent que ces bonheurs vont bientôt s'effacer comme des lueurs éloignées. Heureusement, j'écris des chansons pour Ferrat, pour Reggiani et quelques autres. Les droits d'auteur me tiennent hors des soucis majeurs, ils m'assurent une vie à peu près convenable, mais il est clair que mon renom a du mal à franchir la Seine. Je ne serai jamais un chanteur de haut vol. Ce n'est d'ailleurs pas mon désir. L'ennui, c'est qu'en ces jours de triste mauvais goût, je ne sais plus du tout où va mon avenir.

Je survis sans enthousiasme. Je m'imagine en Boris Vian, auteur de romans méconnus jusqu'au temps d'après-cimetière (image de je ne sais où : je revois Brassens, le front bas, s'éloignant seul parmi les tombes au retour de ses funérailles). Vian a peu vécu de ses livres qui ne seront aimés des gens qu'après quelque temps de cercueil. Il a écrit *Le Déserteur*, qui fit de lui le porte-voix de la tribu des pacifistes solitaires et définitifs. Il a fait de la trompinette, des chansons drôles, des rubriques dans un magazine de jazz. Je me vois un destin semblable, vivotant de bric et de broc et publiant discrètement de beaux romans confidentiels mais qui auront après ma mort la vie lente des grandes œuvres.

Me voici en tout cas venu à la saison des vents contraires. Si je pense à ce que j'étais, le long de ces années fragiles, je me vois en bête blessée qui refait patiemment ses forces et qui, de temps en temps, croit ne jamais guérir. Je lis. Je découvre les contes. Je me souviens d'un jour d'automne. La fête de *L'Humanité*, une après-midi de dimanche. Ferrat y chante. Moi aussi, entre autres (le programme est long). On distingue à peine les gens. Ils sont, me dit-on, trente mille sur la plaine, face au podium. Je ne crains ni n'espère rien. Autant de monde devant nous, ce n'est pas un public, c'est une marée grise, un océan brumeux aux confins indécis. Ce qui m'occupe, en vérité, ce qui me tient, ce qui m'absorbe, tandis que l'on s'affaire un peu partout sur scène à régler micros et lumières, c'est le livre où je suis plongé, assis par terre, entre deux baffles, à l'abri d'un pan de rideau. *Les Mille et Une Nuits*, traduction d'Armel Guerne. Je suis à ce point envoûté que le régisseur s'époustoufle de me voir assis dans mon coin alors que, me dit-il :

– À toi dans trois minutes !

Je range mon bouquin, j'affronte l'océan. Je ne me souviens pas de ce que j'ai chanté, ni du succès de convenance qui probablement fut le mien, mais à peine sorti du feu des projecteurs je suis aussitôt revenu à mon voyage prodigieux. En vérité, le livre des *Mille et Une Nuits* est mon seul souvenir vivant de la kermesse communiste. Sauf les histoires récoltées dans le village paternel, à l'époque de mes études, les contes de Shéhérazade furent les premiers de ma vie. Ils sont demeurés les plus beaux. Comment imaginer qu'en ces temps incertains où je naviguais sans boussole entre la chanson rive gauche déjà broyée par les rockers et la révolte universelle remise à plus tard que jamais, la princesse des nuits sans fin viendrait m'attraper par le cœur, en pleine fête de *L'Huma*, pour m'amener sur un chemin dont je n'avais aucune idée ? Un possible conteur, cette après-midi-là, sort de l'inexistence. Il traversera des années d'insoupçonnables circonstances, de détours, de hasards patients avant de parvenir à s'installer chez moi. Pour le moment, bien sûr, je ne sais rien de lui.

1970, 9 novembre, mort de De Gaulle. *Hara-Kiri* affiche en couverture ce titre inattendu, sobre et dévastateur : « Bal tragique à Colombey, un mort. » Pour ceux qui ne respectent rien, la trouvaille est noire, mais drôle. Par contre, chez les gens d'en face, on en perd la respiration. Crime de lèse-général. L'hebdomadaire inconvenant est le jour même exécuté. On le retire de la vente. On l'efface, il n'existe plus. C'était ainsi en ce temps-là. On avait le bâillon facile. Semaine suivante, surprise : *Hara-Kiri* est mort, vive *Charlie Hebdo*. Même pas sa suite, son clone. Mêmes Reiser et Wolinski, mêmes Cavanna et Cabu, mêmes Choron-Bernier, Gébé, Delfeil de Ton. Même Fournier, imperturbable. Pierre l'austère. Savoyard.

Il est certes moins amusant que les lurons qui l'environnent, mais ce n'est pas là son souci. Il prend, lui, la vie au sérieux. La pleine page qu'il dessine, chaque semaine, dans *Charlie*, est d'une précision d'architecte amoureux des gens et des maisons. Son texte va parmi les traits en pagaille apparente et pourtant ordonnée. Et que dit-il ? Qu'il est grand temps de cesser d'abîmer la Terre, ses forêts et ses océans, son air de plus en plus méchant, ses banquises qui fondent en larmes. Bref, il tente d'insinuer une inquiétude nécessaire chez ceux qui croient qu'on a le temps et qui pesticident leurs champs sans souci de ce qu'ils récoltent. Il se trouve, cette année-là, que j'enregistre une quinzaine de chants de troubadour réveillés de l'oubli par mes soins attentifs. Parenthèse : pitié pour eux. Cessez, s'il vous plaît, de les prendre, comme trop souvent on le fait, pour des compositeurs de confiseries molles. Ils furent, en ce treizième siècle qui vit naître l'Inquisition, les inventeurs impénitents (haïs des prêtres, évidemment) de ce sentiment amoureux qui fait hommes et femmes également bénis. Leurs chansons, je ne sais comment, tombent dans l'oreille de Pierre. Il en dit du bien dans *Charlie*.

Nous faisons connaissance, un jour, dans la salle de rédaction du journal que, bien sûr, je lis chaque semaine. Ils sont tous là, les forts en gueule, discutaillant autour d'une table encombrée de paperasses et de bouteilles. J'entre. Présentations. On se salue d'un geste. Delfeil ricane :

– Ah oui, Gougaud, le fameux chanteur rive gauche !

« Rive gauche », en ces temps, sent déjà le moisi. Il se moque, ça me déplaît, mais je pense à lui, aujourd'hui, avec une affection secrète (j'aime avoir quelques amis proches qui ne savent pas qu'ils le sont). De la vieille bande à *Charlie*, il est le seul à vivre encore, en l'an deux mille et presque vingt, à rire de ce qui l'indigne, à écrire, chaque semaine, à ses complices de toujours. De ce jour-là, étrangement, ne me restent que son visage un peu pâlot, son nez pointu. Tous les autres demeurent flous, comme si ma mémoire les voyait déjà morts. Fournier n'est pas de la tablée. Il se tient à l'écart des gens, des éclats de voix, du vin rouge. C'est un solitaire. Il me plaît.

Je le découvre avec l'allégresse discrète qui vient quand on flaire un ami. Sur les maladies de la Terre, sur la nécessité vitale de réveiller les endormis, sur notre goût des choses simples, nous sommes proches et donc, bien sûr, nous voilà contents l'un de l'autre. Il vit en famille en Savoie. Il a la verdeur ombrageuse de sa montagne dont il parle avec dans l'œil, toujours, un éclat amoureux. Il ne vient à Paris qu'épisodiquement. Il n'aime pas s'y attarder. Il s'en retourne donc chez lui. Nous nous parlons par longues lettres. Il m'invite un week-end venteux dans sa vieille maison rustique à l'agréable odeur de bois et de fumée. Il a quelques idées qu'il pousse calmement, le soir, auprès du feu, devant ma bouche ouverte. Premier projet, facile à vivre : amener dix mille personnes au Bugey, site désigné pour accueillir, dans moins d'un an, la première centrale atomique française. Ouvrir un débat national sur les risques du nucléaire, tel est le but, si tout va bien, de la balade militante. Deuxième envie, apparemment de plus en plus forte et précise : créer un vrai journal sérieux de pied en cap, peuplé d'informations sans fleurs autour, solides, peu soucieux de plaire (on n'est pas là pour ça) mais acharné à prévenir, à réveiller, à révéler ce qui attend les endormis. Il me dit :

– Tu en es ?

Je lui réponds :

– Bien sûr.

La manif au Bugey dépasse largement les espoirs les plus optimistes. Je revois Cavanna et Choron son compère cheminant, surpris, l'œil partout, dans la vaste foule estivale qui s'en vient au petit Woodstock prévu dans la vaste clairière où l'on a dressé un podium. Choron n'y croyait pas du tout et Cavanna, je crois, avait mal mesuré le bel enthousiasme des lecteurs de *Charlie* et la force des mots du tribun ombrageux qui occupe chaque semaine une page de son journal. Il avait suffi d'un appel, d'un bruit qui court et qui réveille des milliers de bouches et d'oreilles pour que s'en viennent au rendez-vous près de vingt mille pèlerins tout contents de passer un grand moment ensemble. Je me souviens d'amis depuis longtemps perdus se retrouvant, les bras ouverts, des petits nuages égarés dans un ciel superbement bleu, de Maxime Le Forestier chantant devant les gens assis au pied des arbres. Je me souviens du crépuscule, des conversations à mi-voix, la nuit venue, autour du feu, de couples qui faisaient l'amour sans que nul y trouve à redire. Beaucoup étaient restés dormir sur des couvertures, dans l'herbe. Je me souviens du petit jour, de jeunes hommes et filles nus au bord d'un trou d'eau de montagne. J'ignore comment, avec qui je retourne à Paris la grise. J'y retrouve Fournier. Pour le journal, c'est fait. Bernier, alias Choron, patron du coffre-fort, est d'accord pour le financer.

La Gueule ouverte vient au monde. Je ne sais qui trouve son nom, peu importe, il naît chez *Charlie*. Ce nouveau magazine en papier recyclé « qui annonce la fin du monde » est comme Pierre l'a voulu : d'humeur batailleuse, touffu, sans le moindre carré de pub et soucieux d'informations aussi précises que possible. Le premier numéro claironne en couverture cet axiome de Cavanna : « La publicité nous prend pour des cons, la publicité nous rend cons. » Je m'applique à le démontrer en deux longs dossiers furibards mais sacrément argumentés. Nous avons besoin de chercheurs aux arguments irréfutables qui veuillent bien parler chez nous, dire leurs craintes salutaires, mobiliser les éveilleurs. Nous approchons Ivan Illich, l'un des plus stimulants penseurs de la révolution paisible. Il nous fait aussitôt savoir qu'il nous recevra volontiers.

Illich est, soit dit en passant, l'inventeur d'un mot doux aujourd'hui déglingué par le chahut des amuseurs. Cherche donc la définition, mon fils, de « convivialité ». Derrière ce mot est un homme qui fut, pour des millions de gens, le temps d'une génération, un inventeur de vie nouvelle. Je le rencontre donc un soir, en haut d'un immeuble vétuste de la rue Grégoire-de-Tours. Sixième étage sous les toits. Long couloir des chambres de bonne pour la plupart inoccupées. L'une d'elles est son pied-à-terre lors de ses séjours à Paris. Elle est à peu près vide. Un matelas couché dans un coin du plancher, un bagage à demi défait, une table, un réchaud à gaz. Nous nous asseyons face à face, presque par terre, au bord du lit. Ivan Illich, apparemment, vit avec juste ce qu'il faut. Toutes les librairies du monde vendent ses livres et pourtant non, il n'a rien d'un homme important. Il parle français sans accent avec une douceur innocente, attentive. Dans une autre vie, me dit-il, il fut évêque. Il en sourit.

Je suis un piètre journaliste. Je m'applique d'abord à noter ce qu'il dit, puis je le regarde parler, je renonce à mes gribouillis, il m'interroge, je réponds. Il me surprend. Ma vie, semble-t-il, l'intéresse. Mon carnet tombe, je l'oublie, ni lui ni moi ne nous soucions de la nuit qui va son chemin, qu'on n'entend même plus passer. Je ne me souviens de rien d'autre que de ces mots, simplement dits :

– Nous avons jusqu'en l'an 2000 pour stopper le réchauffement qui menace notre planète. Au-delà, il sera trop tard.

Nous sommes à l'entrée des années 70. J'entends encore ce « trop tard ». Il le dit sans passion puis sourit, fataliste, et s'en revient tranquillement à ses paroles de grand large dont je n'ai aucun souvenir, et qui m'ont pourtant captivé comme jamais je ne le fus. Seuls me restent son émotion à parler de nos cruautés, son enthousiasme à mi-voix, son constant souci de clarté, et l'impression mélancolique qu'il ne craint ni n'espère rien. Quand nous décidons de descendre boire un café à l'Old Navy, le jour se lève sur Paris, l'arroseuse municipale débarbouille le boulevard. Elle est seule avec nous, dehors. Il fait doux, je n'ai pas sommeil. Je suis venu au crépuscule, je m'en retourne au jour naissant. Que s'est-il passé ? Je l'ignore mais je me découvre tout neuf. J'ai rencontré Ivan Illich.

Je ne sais plus pourquoi je n'ai rien publié de notre rendez-vous nocturne. Le temps, sans doute, m'a manqué. Mille soucis plus ou moins graves nous pleuvent tous les jours dessus. *La Gueule ouverte* est mal partie, elle traîne derrière *Charlie*, elle boite, elle est beaucoup trop lourde. Les Cavanna-Bernier, déçus, grognent qu'en plus elle n'est pas drôle. L'atmosphère se fait pesante, d'autant qu'on entend, çà et là, piaffer des chevaux de bataille. Quelques-uns, parmi nos lecteurs, appellent au combat politique. Leur idée : fonder un parti. Fournier s'insurge. Pas question. Que l'on vote à droite ou à gauche, nous respirons tous le même air. L'écologie est donc l'affaire de tout être humain, quel qu'il soit. C'est notre manière de vivre plus que nos façons de voter qu'il faut urgemment corriger. Je penche de ce côté-là. Qui a raison ? Je ne sais pas, et peu m'importe, tout à coup.

Pierre a la triste idée d'abandonner le monde. Il meurt d'une crise cardiaque, par surprise, un matin d'hiver. Je n'ai pas envie d'en parler. C'est ainsi. « La vie est méchante », comme dit un conte malin. On entend parfois « aime et chante », cela dépend du jour choisi. C'est peu de dire qu'au journal, on n'a plus le cœur à l'ouvrage. On s'assied autour de la table. Cavanna décide d'un mot. On arrête. On baisse la tête. Pas de surprise, on s'en doutait. Je m'en retourne à mes chansons.

J'écris un album pour Gréco, Madame Saint-Germain-des-Prés. Un soir d'été, tandis que Gérard Jouannest, le musiqueur de mes paroles, pianote dans un coin quelques bouts de refrain, un éditeur de belle allure (haute stature, cheveux blancs harmonieusement ondulés) vient tenter de convaincre (il y parvient sans mal) la reine des sirènes de faire un livre de sa vie. Elle lui répond que pourquoi pas si je suis, moi, son porte-plume. Elle me parlera, j'écrirai. Mon avis ? Peu importe.

– Il est d'accord, dit-elle.

Elle a raison, évidemment. Nous nous enfermons au travail. Cinq ou six semaines durant elle me raconte son enfance, ses frasques, ses combats, ses amours, ses folies. Elle dit tout au magnétophone. On change sa voix en feuillets. Elle les lit, s'émeut, s'horrifie. Elle m'a confié des secrets qu'elle ne veut pas voir publiés. Elle me fait promettre (elle en tremble) de ne jamais les révéler. Je le jure. Mais quel dommage ! Quel roman déchirant, tumultueux, nocturne dort pour toujours, comme un volcan, dans les profondeurs de sa vie ! Elle seule le sait, et moi. J'ai tenu parole, Jujube.

L'Écluse est encore, en ces temps, le port d'attache de ma barque. Je chante désormais sur la plus haute marche, celle qu'occupait Barbara. Huit chansons en fin de programme avant (comme disait ma grand-mère Aurélie) d'aller faire l'intéressant dans quelque autre lieu poétique. Presque tous les rive-gauchistes galopaient ainsi, chaque nuit, de microscopiques cachets en salaires de presque rien. Pourquoi certains moments, parmi tant de perdus, demeurent-ils ineffaçables ? Je me revois un soir d'hiver sur la place du Panthéon. Pas le moindre passant. Il neigeote, j'ai froid. Les flocons me piquent les yeux. Je me sens fatigué, vaguement misérable. On m'attend au Port du salut, rue Saint-Jacques, c'est là, tout près. Je pousse la porte. Le bar. Pénombre couleur de vieil or. Accoudés au comptoir sur leurs tabourets hauts, côte à côte, Boby Lapointe et Maurice Fanon, son frère de whisky. Ils sirotent pensivement, et tandis que je les contemple, quelqu'un, dans ma tête, me dit : « Si tu continues comme ça, mon vieux, tu vas finir comme eux. » Au-delà du rideau du fond est la salle de restaurant où m'attend la petite scène. Masseboeuf, le patron, fait ses comptes à la caisse. Il m'a tout juste salué. Je lui dis :

– Salut, je m'en vais.

Il me jette un œil étonné sous sa casquette de marine. Il me répond :

– Qu'est-ce qui te prend ?

– Rien, tout va bien. Bonsoir.

Je sors. Je me sens délivré. Je respire un grand coup, l'air est vif comme j'aime et il ne neige plus.

Je n'ai jamais remis les pieds dans un cabaret rive gauche, ni à l'Écluse ni ailleurs.

9

Je ne suis d'aucune croyance. Je n'ai, pour m'aider à penser, que des aventuriers de l'âme, des astronautes de l'esprit, des explorateurs de la vie, des poètes de tous les temps et parfois même des enfants qui ne savent pas ce qu'ils disent. J'aime le mystère et le doute, ils laissent ouverts tous les chemins. Les certitudes font toujours un bruit de porte qui se ferme.

Je suis issu, comme bien d'autres, d'une longue lignée de serfs. Je suis né chez des gens sans Dieu dans un pays d'humeur rétive depuis à peu près huit cents ans. Ma mère était syndicaliste, mon grand-père libre-penseur, et mon coin de France profonde, à l'époque où s'ouvraient mes yeux, souffrait encore fièrement de ses blessures médiévales. J'ai appris l'essentiel de l'hérésie cathare en même temps que m'indignaient les impitoyables méfaits de l'Église « fléau du monde », comme le chantait, en son siècle, Guilhem Figuera, troubadour. Dès ma lointaine adolescence j'ai fréquenté passionnément les trois volumes de registres de l'Inquisition de Pamiers dénichés à côté des œuvres de Karl Marx (impeccables, jamais ouvertes) sur le rayon du haut de notre armoire à livres. Parmi les tourmentés aux prénoms disparus (Alazaïs, Mengarde, Imbert) me restent une voix, un regard, un visage de dix-huit ans familier, quoique imaginaire, celui d'un charpentier de la vallée de l'Aude. Il avait été condamné à brûler en longue chemise, devant ses amis et parents, pour avoir craché sur la croix, sous prétexte que l'instrument qui avait torturé Jésus ne pouvait être que haïssable. Cette opinion-là, je l'avoue, m'a toujours paru plus sensée que les ténébreuses raisons de ceux qui avaient rôti cet homme. J'ai longtemps écouté les mots de ces vieux pauvres scrupuleusement consignés, au cours des interrogatoires menés quelques années durant par l'inquisiteur de Pamiers. Certains sont partis en fumée, devant le crucifix tendu à leur figure, pour avoir refusé de tuer un poulet (les cathares étaient non-violents), et d'autres encore, beaucoup d'autres, pour avoir simplement douté de l'infinie bonté de Dieu. Mes ancêtres ont subi ces absurdités-là, et penser à elles, les dire, ne cesse pas de m'enrager. Car j'éprouve toujours pour ces gens de montagne une affection de fils à peine éloigné d'eux. Je me sens leur proche parent, et aujourd'hui encore, après tant de chemin, je ne peux me voir sans rancune, sans révolte, sans peine obscure, devant ceux qui les ont brisés.

Les crimes de l'Inquisition ont fait de l'enfant que j'étais un anticlérical précoce, et du bonhomme que je suis un insoumis définitif aux Tout-Puissants de tout calibre. Je voudrais, je devrais peut-être discourir ici du pouvoir, de ses forfaits inévitables, de sa diabolique façon de pervertir ceux qui l'exercent, de leur obsession à le prendre et à s'imaginer qu'ils l'ont, alors que c'est lui qui les tient, les pétrifie, les vampirise. Ce que je viens d'écrire là, en rhétorique pernicieuse, s'appelle une prétérition. «Je ne dirai pas que», mais je le dis quand même. On peut évidemment ne pas être d'accord avec ces opinions glissées en contrebande, mais qui voit l'alentour d'un autre œil que le mien, pour peu qu'il fréquente les contes (car ils parlent aussi de cela), sait que je dis ce qu'il me semble, ce que je ressens, rien de plus. Je mets le nez à ma fenêtre. Je découvre ces choses-là. D'une autre apparaîtra une forêt qui brûle, d'une autre encore un champ fleuri. Qui voit sans faute ce qui est ? Qui peut imposer à bon droit son regard à des millions d'autres ? Le monde est unique et multiple. Tu cueilles un brin de vérité, tu crois l'attraper tout entière, mais non, mon fils, la vie est vaste, on n'en voit jamais qu'un instant, une tempête, une éclaircie qu'on veut croire définitive. Si te vient une certitude, renverse-la, cherche plus loin. Mais fais plaisir à ton vieux père, réfléchis quand même au pouvoir.

Bref, il est temps que je retourne à ces saisons gueule de bois que j'aurais aimé oublier. Années 70, j'écris, mais sur commande. Je trousse encore des chansons, je suis du métier, je sais faire, mais il me manque désormais cette « foi dans les illusions qui fait l'éternelle jeunesse et l'éternelle vigueur des poètes » (c'est d'Okakura Kakuso, l'écrivain du *Livre du thé*). Avec la fin des cabarets, l'envie peu à peu s'est tarie. Je ne sais plus par quel hasard, quelle amitié, quelle rencontre je chronique au journal *Pilote*, joyeux repaire de lurons qui ravigotent, en virtuoses, la vieille bande dessinée. Je suis à peu près seul rédacteur régulier. La plupart, Druillet, Mandryka, Gotlib, l'imprononçable F'murr, le fameux *Génie des alpages*, planchent, parmi d'autres, en couleur. Une fois par mois j'humorise, je m'amuse à rebrousse-poil, je joue au satiriste drôle. Je suis payé de presque rien. Donc je rédige aussi des guides touristiques, pour la revue *La Vie des bêtes* (aujourd'hui, je crois, disparue), j'écris une série d'articles sur le symbolisme animal. Et voilà que me vient une idée de bouquin. Je suis de plus en plus captivé par les contes, les mythologies populaires, les histoires venues de loin qui ne s'arrêtent nulle part. Je m'empiffre aussi sans mesure de romans de science-fiction. Les seuls ouvrages, en ce temps-là, que je fréquente assidûment sont ceux de ce grand bric-à-brac où prospèrent, libres de tout, quelques génies illimités. Je reconnais parfois, dans leur sac à merveilles, telle réserve de lutins, telle arche de Noé voguant vers les étoiles, tel vieux récit universel. Un éditeur me paie une agréable avance pour faire de ces parentés un livre illustré de gravures et d'un dessin signé Druillet. Son titre : *Démons et merveilles de la science-fiction*. L'œuvre à l'étrange couverture parvient un beau jour, par bon vent, dans le bureau, à France Inter, occupé par Claude Villers.

Claude anime *Pas de panique*, une émission qui lui ressemble, acide, drôle, impertinente. Il lit (peut-être) mon bouquin. Il me propose de venir en parler à ses auditeurs. Me voici donc au rendez-vous. Nous enregistrons l'entrevue, en tête à tête détendu. Il me questionne, je bavarde. Pour vivifier mon propos, je raconte quelques histoires. Il a l'air d'aimer. Il me pousse, il me provoque, l'œil espiègle, en faux naïf bien aiguisé. Je me plais à jouer son jeu. Nous avions tous deux convenu d'un entretien de dix minutes. Quand nous regardons la pendule, elle a vieilli d'une heure et quart. Il s'en étonne. Moi aussi.

– J'écouterai demain, dit-il. Il faudra couper. C'est dommage.

Je le laisse à ses choix. Nous nous serrons la main. Je rentre chez moi. Je l'oublie. Je n'ai, en ce temps-là, ni radio ni télé. Donc, quand le téléphone sonne et que Monsieur *Pas de panique* me glisse à l'oreille son nom, quatre ou cinq jours après notre conversation, j'ai du mal à répondre clair. Il me dit :

– Tu t'es entendu ?

J'hésite à répondre que non, je me sens pris en faute idiote. Qu'importe, il ne s'en soucie pas.

– Finalement, j'ai tout gardé, et j'ai découpé ton impro en quatre temps de dix minutes. La fin du mini-feuilleton, c'est demain soir. On continue ?

Je bafouille :

– Oui, pourquoi pas ?

Je n'ose pas poser la question qui m'occupe : « C'est payé combien ? » Je me tais. Je n'envisage, en vérité, que quelques aimables parlotes évidemment sans avenir. Je suis à des années-lumière d'imaginer que ce jour-là commencent dix ans de radio.

De fait, je n'ai, pour m'installer dans notre paysage oral, aucune de ces qualités que l'on exige, en ce vieux temps, des beaux parleurs radiophoniques. Première règle : pas d'accent. Il se trouve que j'ai le mien. Je ne le gomme pas, ne le cultive pas. Je parle comme m'ont appris mes parents, mes maîtres d'école, les parfums de l'air de chez moi. Me travestir en Parisien me laisserait un goût de mensonge gênant. On ne se soucie plus, aujourd'hui, de langage impeccablement cravaté. On a l'oreille faite à toutes les parlures, comme disent les Québécois. Mais il y a bientôt cinquante ans, un auditeur mal embouché pouvait s'indigner de m'entendre raconter un conte breton avec ma musique occitane. C'est d'ailleurs arrivé, je m'amuse à le dire. Une écrivaine parisienne écrivit un jour, furibarde, au directeur de France Inter pour exiger qu'il m'enchômage sous prétexte que mon accent était « à couper au couteau ». Bref, selon les gardiens de l'ordre culturel, je ne suis qu'un bouseux qui salit le parquet. Et ce n'est pas mon seul défaut, en ces années où l'on se fait une idée plutôt métallique de ce qu'est une belle voix. La mienne m'apparaît, à tort ou à raison, voilée d'un souffle nébuleux. Elle ferait mieux d'être timbrée, selon le bon goût de l'époque. Donc je n'ai pas la moindre chance, à y réfléchir d'un peu près, de faire long feu dans le poste. En attendant, de temps en temps, j'interviens dans *Pas de panique*, je joue l'expert radiophonique en bouquins de science-fiction, en découvreur d'auteurs de bandes dessinées, en romans d'heureuse rencontre, content de dire aux auditeurs ce qui me semble passionnant, amusant, stimule-méninges. Et non seulement les jours passent sans que l'on me pousse en vacances, mais on m'invite à m'incruster.

Car voilà que le chef Villers cuisine une émission nouvelle. Il la baptise *Marche ou rêve*. Son idée est de mettre en chemin buissonnier quelques reporters débutants à l'œil vif, aux oreilles fraîches. S'ils n'ont jamais fait de radio, c'est tant mieux, il les veut tout neufs. Leur mission : à pied, à vélo, sans remuer ni ciel ni terre, aller rencontrer où ils sont les gens que l'on dit ordinaires, les écouter parler de leur vie, de leur terre, de leurs passions, de leur métier, de leurs espoirs de vivants simples.

– Et toi, me dit-il, chaque soir, tu nous racontes une légende du pays que nous visitons.

Dénicher chaque jour un récit populaire, le dire aux oreilles tendues comme au coin du feu des ancêtres, voilà mon chemin, désormais. Il est nouveau, inattendu, il me ravive l'intérieur, d'autant qu'il m'apparaît facile.

Je découvre que raconter coule pour moi d'heureuse source, alors que faire le chanteur m'était un travail compliqué. Suis-je conteur ? À mon idée, ce mot sent bon le feu d'hiver chez ma grand-tante paysanne. Moi, conteur ? Quelle idée bizarre ! Comment peut-on l'être, à Paris ? Non, je distrais des auditeurs qui me prêtent un moment l'oreille, je ne suis rien de plus qu'un parleur de radio. Je ne sais pas, en ce temps-là, qu'il est une poignée de gens qui font métier, un peu partout, de passeurs de vieilles histoires. Ils viendront peu à peu s'installer dans ma vie, mais pour l'instant, chaque matin, je me réveille avec le stimulant souci de découvrir je ne sais où la légende du soir qui vient. Je passe mes journées inquiètes à explorer les bibliothèques, à m'emplir des rêves du peuple, à exiger qu'ils me surprennent, qu'ils me poussent à les raconter, qu'ils fassent taire les parlotes autour du transistor posé sur la table de la cuisine. C'est une étrange activité que de fouiller obstinément la mémoire d'un vieux pays. On n'y distingue bientôt plus le point du jour du crépuscule. Me revient un soir d'émission sans apparente aspérité. Je viens de conter mon histoire. Elle disait à peu près ceci.

Place du Châtelet, cinq heures du matin. La nuit grisaille, l'aube vient. Paris au loin se perd dans le brouillard désert. Une vieille dame vêtue à la mode d'il y a longtemps (sac à main noir au pli du coude, manteau long, chapeau à voilette) fait signe à un taxi errant.

Il s'arrête à portée de main. La voici installée sur la banquette arrière.

– Rue de la Roquette, dit-elle. Tout en haut.

Elle semble en souci. Elle dit encore, à pauvre voix :

– Je suis en retard, voyez-vous.

Passe un quart d'heure silencieux. Voilà la vieillotte arrivée. L'homme bâille, s'arrête, allume sa loupiote. C'est un taiseux. Il dit :

– Cinq francs.

Il se retourne. Plus personne. Sa passagère ? Évaporée. À sa place, sur la banquette, brille une pièce surannée. Le chauffeur, effaré, sort sous les lampadaires. À quelques pas de lui est le portail ouvert du cimetière du Père-Lachaise. Parmi les tombes, dans l'allée, s'éloigne une forme fluette. Le gravier crisse sous ses pas. Une vieille dame fantôme s'efface, au loin, dans le brouillard.

Point final. Envol de musique. Claude, comme à l'accoutumée, allume un de ses gros cigares. Il me demande où j'ai déniché cette histoire. Tous les métiers ont leurs légendes. Je lui réponds que celle-là se raconte, à ce qu'on m'a dit, chez les vieux chauffeurs de taxi. Je quitte le studio. Me voici en régie. Le téléphone grince. Un assistant décroche. Il me dit :

– C'est pour toi.

Je m'étonne.

– J'écoute.

Un homme apparemment normal s'excuse de me déranger et m'affirme tout cru tout sec que l'histoire déraisonnable qu'il vient à l'instant d'écouter n'est pas, comme on pourrait le croire, une entourloupe de conteur. Et le voilà qui me raconte (il a pourtant l'air sain d'esprit) que lui-même, l'année passée, a vécu la même aventure. Il roulait, me dit-il, sur une vieille route, entre deux bourgs ensommeillés, quand une fille à sac à dos, à la sortie d'un long virage, lui apparut, le pouce en l'air. C'était une blonde nordique, elle portait un anorak bleu un peu plus foncé que ses yeux. Bref, la voilà envoiturée. À peine installée, elle s'agite. Est-il besoin de préciser qu'elle s'est engouffrée à l'arrière ? Elle serre son sac sur le ventre comme un enfant emmitouflé. Elle sursaute pour rien, pour un chien qui traverse, elle fait ce que tout conducteur redoute, déteste, abomine. Elle s'agrippe, elle crie : « Attention ! » au moindre doublement de tracteur en vadrouille. Elle en fait tant que l'homme, exaspéré, s'arrête. Il est à l'entrée d'un village. Il ordonne à sa passagère de descendre et d'attendre là un autre auto-stoppé plus résistant que lui à ses trouilles persécutrices. Il se retourne. Rien. Le vide. La fille au sac à dos s'en est allée, mais où ? Dans quel proche ou lointain ailleurs ? Mon téléphoneur me précise qu'il a fait une halte à la gendarmerie, où il a raconté sa plongée impromptue dans l'envers de la vie. Personne ne l'a regardé comme un marchand de balivernes. On a hoché la tête, on lui a répondu qu'une fille en anorak bleu était morte, l'hiver dernier dans un accident de la route, à la sortie de ce virage où elle lui était apparue.

Dès le lendemain de ce jour, j'ai lancé un appel au peuple. J'ai tout dit à mes auditeurs du surprenant débordement de mon histoire de la veille, et j'ai imprudemment proposé aux ouailles de notre émission préférée, s'il était un jour arrivé que quelqu'un de leur voisinage ait vécu la même aventure, de bien vouloir m'en informer. Imprudemment, je le redis, car ce fut un déferlement de coups de fil et de missives. J'avais cru raconter une de ces histoires qui laissent songeur, un instant, et qui aussitôt dites passent, touchantes mais sans importance, éphémères, vite oubliées. Or je découvre, stupéfait, que ma fantomale légende, sous ses airs de petit vent doux, remue dans nos tréfonds d'étranges marécages. Elle n'est pas du tout anodine. Elle est vivante, et sacrément. Elle vient de loin mais pour autant elle ne semble pas fatiguée. Du coup, je fronce les sourcils, je me bombarde de questions : « D'où, de qui tient-elle sa force ? Comment a-t-elle pu traverser sans dommage des millions de vivants, des dizaines de siècles ? » Car on la raconte partout, au moins depuis le temps des loups, des forêts sans fond, des lutins, des fées plus ou moins fréquentables. Les routes, en ce temps-là, étaient des chemins creux, les voitureurs des cavaliers, les autostoppeuses des dames pas toujours bien intentionnées, mais en tout cas l'histoire allait du même train, le long de la ligne de brume qui sépare nos deux pays, les seuls de notre atlas intime qui nous soient à jamais promis, celui où nous vivons encore, celui où nous irons bientôt.

Je n'ai jamais cessé, depuis, de me frotter à ce mystère. D'où viennent ces récits, ces contes, ces légendes qui probablement se racontent depuis les premiers temps humains ? Comment diable ont-ils fait pour ne pas s'égarer, et que nous disent-ils enfin, qui ne doit surtout pas se perdre ? « Littérature populaire, donc méprisable, puérile, indigne de notre attention », disent les esprits éclairés, les marchands d'honneurs, les puissants. Et pourtant combien d'œuvres en leur temps immortelles se sont-elles à jamais perdues sans que nul porte leur deuil, tandis que les contes portés par le seul souffle des ancêtres, si périssable, si ténu, franchissaient sans peine les mers, les pestes, les révolutions, les mille embûches des voyages, pour être dits, un jour, devant trois voyageurs dans la lueur d'un feu d'auberge, ou devant quelques villageois à l'ombre bleue d'un olivier ? Qui contera jamais l'histoire du conteur qui sait parler de tout sans rien dire de lui ? Je fais halte un instant et je pense à cet homme au visage rêvé. Non, je ne l'imagine pas. Derrière mon front il renaît. Écoute, fils, ce qu'il me dit. C'est notre ancêtre qui nous parle.

Je fus jadis aède en Grèce, je suis de ceux qui ont inventé le Déluge, l'histoire d'Héraklès, d'Œdipe, de Thésée, de Dédale, de Prométhée. « Aède », c'est ainsi qu'on nommait en ces temps ceux qui faisaient bouillir les chaudrons de paroles. Nous étions des gens de passage, des poussiéreux, des presque rien. Parmi les chiens, les ânes, les enfants haillonneux nous avons raconté nos fables, nos épopées, nos vérités, longtemps avant qu'elles soient écrites. Des palais nous n'avons connu que les cuisines, les étables. Nous étions négligeables, et c'était bien ainsi. Notre maison à nous c'était l'âme des êtres.

Nous avons inspiré Homère, les paraboles de Jésus et les paroles de Bouddha, nous avons partagé le pain des prophètes du bord des routes, du barde errant qui mit au monde les chevaliers du roi Arthur, de Yunus Emre, le poète qui peupla de chants le désert. Partout où un conteur réveille, de nos jours, la musique du cœur du monde, mille ancêtres sont là aussi. Notre famille. J'en suis fier, elle est aussi humble que noble. Les puissants ont édifié des citadelles, des églises. Nous avons épousé un murmure impalpable jamais défait, jamais éteint depuis les premiers feux des campements humains. Et aujourd'hui que tout rutile, que le moindre passant doré fait tourner les têtes en tous sens, comme nous semblons dérisoires, nous qui parlons aux gens alors qu'il faut hurler pour, paraît-il, se faire entendre ! Pourtant, quelle lignée demeure plus vivante que celle des pères de Zeus et des contes immémoriaux ? Qu'ont fait Alexandre, César, Napoléon de plus durable ? Nous laisserons-nous aveugler par l'éclat des feux d'artifice, nous qui parlons aux vraies étoiles ? L'importance d'une parole ne saurait être mesurée au bruit qu'elle fait à nos oreilles, mais à ce qu'elle sait éveiller dans le silence de nos cœurs. Nous ne serons jamais des gens assourdissants. Le monde l'est, mais pas la vie. Et nous ne servons qu'elle seule.

Bref, je reviens à mon micro. À même pas une semaine de ce que j'appelais, quand j'y pensais tout seul « l'affaire de la vieille dame », je reçois un bouquin au titre qui m'allèche et me donne aussitôt l'envie de m'y plonger. *L'Interprétation des contes de fées*. Auteur (je laisse « auteure » aux académiciennes) : Marie-Louise von Franz. Je connais ce nom-là. Von Franz fut en son temps l'élève, l'assistante et l'amie de Carl Gustav Jung, l'un des premiers explorateurs de nos profondeurs inconscientes. Sa disciple a donc ausculté quelques-uns des contes majeurs qui accompagnent les vivants, comme une musique secrète, depuis si loin qu'on ne sait quand. Je dévore son livre en un week-end tout gris. Ses idées me semblent éclairantes. J'en reste un grand moment songeur. Les vieux récits déraisonnables qui tiennent tête à tous les temps sont les enfants, à ce qu'elle dit, des rêves qui, la nuit, viennent nous visiter. Il est vrai que parfois telle image incongrue née du noir du sommeil semble nous murmurer quelque vérité forte, mais laquelle ? On ne le sait pas. Perplexe, j'en relis quelques pages, au hasard. Nos contes familiers, libres enfants des rêves ! Et si ce que dit cette femme était on ne peut plus bien vu ? Si c'était l'évidence même ? Je pense : « L'évidence m'aime », et j'en ai un rire qui vient. Me voici tout pareil à n'importe qui d'autre qui entend une belle histoire et ne peut s'empêcher de la porter plus loin. Et donc j'en parle, évidemment, devant mon micro quotidien.

Me vient en retour une lettre agréablement chaleureuse de l'éditeur dudit bouquin. Il s'appelle Étienne Perrot. Je connais aussi ce nom-là. Perrot a traduit en français le livre de la Chine ancienne le plus constamment vénéré, le divinatoire *Yi King*, texte établi en allemand par Richard Wilhelm, missionnaire, vieil ami de Carl Gustav Jung à qui il confia un jour, dans un soupir content de lui, qu'il n'avait jamais converti un seul Chinois au christianisme. Peu de gens, en ces temps, connaissent le *Yi King*. Je l'ai déniché par hasard, à l'époque où j'étais chanteur, dans une librairie aujourd'hui disparue, rue de Médicis, à Paris, où il dormait sur une table sans crainte d'être dérangé. Perrot est donc un connaisseur de ce vieux livre oraculaire qu'il m'arrive de consulter comme un ancêtre intemporel marié à une voyante. Cet homme m'intrigue d'avance. J'ai envie de le rencontrer.

C'est chose faite à la terrasse de notre bistrot familier. Il est psychanalyste évidemment jungien, n'est éditeur qu'intermittent, puisque sa Fontaine de pierre n'existe que pour publier les cours de son amie von Franz, professeur d'université à Zurich où elle analyse les grands contes traditionnels à la lumière des savoirs que Jung, son maître, a mis au monde. Il va de soi qu'elle est aussi une psychiatre de renom. Perrot, lui, s'intéresse aux rêves. Il m'en parle à voix souriante, lente et ronde, l'œil bienveillant. Je l'écoute passionnément, j'ai envie de noter les idées qui me viennent. Et si elle était là tracée, la piste du trésor intime, non pas celle qui mène au secret de la vie, mais au moins au sens de la mienne ? Je suis tenté de m'embarquer avec lui sur la mer des songes. J'espère je ne sais quel port, quelle île, quelle découverte. J'hésite encore quelques jours. Je revois mon nouveau compère. Je l'interroge. Je décide. D'accord pour un voyage bref (je me méfie quand même un peu) dans les territoires de l'ombre. Il durera près de dix ans.

Quand je pense aujourd'hui à mon ami Perrot, je l'imagine un brin lunaire, mais c'est par jeu. Il ne l'est pas. C'est un homme de grand savoir, capable d'intuitions fécondes. J'aime nos rendez-vous, j'en sors ragaillardi. Je note scrupuleusement mes moindres images nocturnes. Je m'entraîne à me réveiller pour les écrire dès qu'elles viennent, à la lueur d'un stylo-torche, sinon elles s'effacent, elles me fuient. Nous les interprétons ensemble, et je découvre peu à peu une sorte d'envers du monde, un univers où sont des gens inattendus mais familiers, des paysages jamais vus, des courses folles, des impasses. J'ai l'impression que tout cela cherche à me dire quelque chose, mais quoi ? Je cherche, j'interroge, parfois je trouve, ou crois trouver. En tout cas j'ai le sentiment de plus en plus indiscutable que je ne suis pas un errant sur une route sans lumière qui va du ventre d'une femme à l'irrémédiable néant. Je suis un mystère ambulant grand ouvert à tous les possibles. De mes voyages ensommeillés je remplis un cahier, puis deux, puis quatre et cinq. Les années passent. En ces temps encore encombrés de tempêtes sentimentales j'espère obstinément, et je sais que j'ai tort, voir enfin apparaître une terre nouvelle, quelque chose dont je sois sûr, mais non, hélas, rien qui me dise : « Tu es arrivé quelque part. » Je suis trop impatient sans doute, trop inquiet, ou trop exigeant. Je rame, pourtant, et je bouge. J'ignore toujours où je vais. Quelqu'un, dans mes tréfonds, commence à s'en moquer. J'apprends, sans trop savoir comment, à ne rien comprendre à la vie, mais à l'aimer à toute force.

Vient le jour (aujourd'hui encore bien présent) où je conte, amusé, à mon ami Perrot le rêve qui m'a réveillé pas plus tard que la nuit passée. Décor : une chambre d'hôtel plutôt pauvre mais propre, simple. Marie-Louise von Franz et moi sommes assis dans le même lit, calés contre nos oreillers, comme un couple au matin attend qu'on lui apporte son petit déjeuner. À la droite de la fenêtre est un semblant de coin cuisine où cuit, sur un réchaud à gaz, une casserole de riz. Je me lève, je dois surveiller la cuisson. Je hume, je touille. C'est bien. Est-ce notre prochain repas ? Je l'ignore, mais il est prêt. Fin du rêve. Perrot jubile.

– Tu devrais, me dit-il, l'envoyer à von Franz.

Je renâcle, je n'ose pas. Il fait mine de réfléchir.

– Vous avez, je crois (j'en suis sûr), un bout de vie à vivre ensemble.

L'idée m'allume. Pourquoi pas ? J'écris donc à von Franz une lettre prudente. Je ne demande rien, j'informe, voilà tout, je conte simplement mon rêve. Deux ou trois jours plus tard me vient une réponse. Elle me surprend, et me ravit. Elle est hâtivement inscrite au bas de mon propre feuillet qu'elle me renvoie avec, au travers de la page, ces mots : « Eh bien, cuisons du riz ! » Deuxième ligne, en chiffres hauts, son numéro de téléphone. Troisième ligne, signature. Je prends aussitôt rendez-vous.

Aucun souvenir de Zurich, de ses avenues, de sa gare, de la couleur de ses taxis. Par contre, la maison où je suis accueilli me reste chaudement vivante. On y sent une paix de pénombre estivale. Nous ne sommes pourtant qu'en mars. Chaque objet sommeille à sa place. Aux murs, plusieurs portraits de Jung. Je n'imaginais pas von Franz en vieille femme vigoureuse, à la voix claire, au rire fort. Elle m'apparaît pourtant ainsi. Elle me reçoit dans son bureau. Des livres épars, çà et là, quelques bibelots désuets, mais rien qui alourdisse l'air. Elle me désigne un vieux fauteuil, elle s'enfonce, en face de moi, dans son confortable jumeau, et le dehors n'existe plus. J'ai préparé, la veille au soir, une rafale de questions. Elles me semblent soudain sans le moindre intérêt. Nous parlons de je ne sais quoi, sans doute des contes, des rêves, probablement aussi de moi. Comment en est-elle venue à me raconter sa rencontre avec celui qu'elle nommera, tout au long de nos entretiens, « le professeur Jung », je ne sais, mais son récit joyeux, robuste, m'est demeuré inoublié.

Son âge, en ce temps-là ? Dix-huit ans, guère plus. Sérieuse, plutôt raide. Elle est étudiante à Zurich, où le professeur Jung enseigne. Un soir, à la fin de son cours, il demande à la cantonade s'il se trouve, dans cet amphi, quelque courageux latiniste. Elle lève le doigt. Il lui dit :

– Je vous attends dans mon bureau.

La voici dans l'antre du maître. Il prépare un nouvel ouvrage, *Psychologie et alchimie*. Il lui désigne, sur sa table, quelques grimoires fatigués. Il va devoir les consulter, mais les lire en latin est pour lui un souci qu'il préférerait éviter (les alchimistes médiévaux ne pratiquaient pas d'autre langue). Bref, il lui faut un traducteur. Il la prévient. C'est mal payé. Elle est pauvre, donc elle accepte. Il lui tend un de ces vieux livres. Il lui demande d'en traduire une page en bon allemand. Il la raccompagne à la porte.

– Si votre travail me convient, lui dit-il, et si l'exercice ne vous paraît pas trop ardu, je vous confierai d'autres textes.

Elle remercie, elle prend congé, rejoint sa chambre d'étudiante. Il est tard, elle est lasse. Elle pose le bouquin sur sa table de nuit. L'ouvrir ce soir ? Pas le courage. Bonne nuit, le monde, à demain. Elle se couche, soupire. À peine au lit, elle dort. Combien de temps ? Comment savoir ? Elle gémit soudain, elle s'agite, elle s'éveille, elle est en sueur, elle respire rauque, elle a peur. Elle vient de faire un cauchemar. Il fait encore noir partout, mais elle reprend souffle, elle s'apaise. Elle n'ose pas se rendormir. Et si ses spectres revenaient ? Elle s'effraie des bruits du silence, reste à l'affût, somnole un peu. Enfin le jour. Café, biscuits. Elle ouvre le livre au hasard et renverse à moitié sa tasse, tant sa main tremble, tout à coup. Sur la page en latin que rien ne désignait, elle découvre le mauvais rêve qui vient de ravager sa nuit, ses monstres exactement décrits en belles lettres médiévales. Elle le relit, la bouche ouverte, elle en oublie de respirer. Enfin elle s'habille à la hâte, fourre le livre dans son sac et court chez le professeur Jung.

Elle lui conte sa nuit, son cauchemar glacé écrit en toutes lettres dans ce grimoire rabougri.

– C'est un livre sorcier, je vous le rends, dit-elle. Je ne veux jamais plus en entendre parler.

Elle le pose sur le bureau et s'éloigne aussitôt de lui comme pour mettre hors de nuisance ce machin capable de tout. Le professeur l'écoute, il ne commente pas, il ne pose aucune question. Il a l'air plutôt satisfait. Il lui dit enfin :

– Chère amie, vous avez, semble-t-il, avec ce texte-là, d'intéressantes accointances. Vous êtes exactement celle qu'il me fallait.

Elle en reste pantoise. Il ajoute :

– Au travail !

Refuser d'assister cet éminent savant entre tous admiré ? Impossible, d'autant que le regard aigu qu'il pose sur sa latiniste est celui d'un homme tranquille qui n'envisage même pas qu'on ose le contrarier. Elle repart, la tête à l'envers, avec son bouquin sous le bras.

– Voilà comment, me dit von Franz, il m'a été donné d'apprendre au plus près du professeur Jung.

Nous avons parlé, ce jour-là, de ce que Paul Claudel appelle les « jubilations du hasard », et Jung les « synchronicités », domaine obscur, problématique, irrationnel et fascinant. Exemple (évidemment vécu, sinon c'est escroquer son monde) : hiver 1933. Le *Saxilby*, cargo anglais, fait naufrage dans l'Atlantique. Trois ans plus tard, sur une plage, à deux kilomètres, à peu près, du village d'Aberavon, petit port de pêche gallois, la mer dépose sur le sable une boîte en métal. On l'ouvre. Un rayon de soleil illumine un message. Son auteur ? Un marin du cargo naufragé. Son texte ? « *S.S. Saxilby*. Coulons au large de l'Irlande. Je pense à ma sœur, à mon frère et à ma Dinah. Joe O. » Les trois habitent Aberavon.

Un autre exemple offert par un ami fiable, psychanalyste de talent. Une femme au bout du rouleau. Elle ne sort plus, n'a plus envie, ne mange rien, ne dort plus guère. Son médecin lui fait promettre d'au moins s'aérer le matin. Le jardin public est tout proche, courage, allons, c'est le printemps. Pour la première fois depuis quelques semaines, elle accepte (bof !) d'aller voir. Elle s'habille proprette, elle traverse la rue, elle pousse la grille du square. Parmi les arbres en fleurs est un kiosque à musique. Et là, justement, ce matin, la fanfare municipale répète allègrement quelques vieilles chansons. À l'instant précis où la dame fait son entrée dans le jardin, cuivres, bassons et contrebasses entonnent, comme en son honneur, *Y a d'la joie*, de Charles Trenet. Pour la première fois depuis elle ne sait quand, elle rit, surprise, émerveillée.

La rencontre d'un cauchemar et d'une page de vieux livre ?

– Synchronicité magnifique, me dit von Franz, et décisive. Elle a grand ouvert mon chemin.

Elle me conte, rieuse, ce jour tumultueux où le professeur Jung essaya vainement de parler à ses étudiants de ces hasards qui n'en sont pas.

– Certes, ils écoutaient, me dit-elle, mais manifestement ils ne comprenaient rien, et le professeur s'agaçait, je le voyais, un peu inquiète, perdre patience, hausser le ton. Il détestait se répéter. À bout de mots en pure perte il m'a lancé, tonitruant : « Expliquez-leur, moi, je renonce ! » Et il est parti, furibond, en claquant la porte si fort que nous en sommes tous restés courbés comme sous un orage.

Merveille de ne rien comprendre aux jeux amoureux de la vie ! Il y a du sens partout dans l'air, je le découvre, je le sens. Les contes immémoriaux, les rêves, les jubilations du hasard font peu à peu de moi, à mon insu, un homme non pas ouvert à tous les vents, mais du moins à ce qui nous vient de l'au-delà des apparences. Le réel ne me suffit pas, et d'ailleurs je ne l'aime guère, je le subis, bon gré mal gré. Je n'ai pas d'ambition sociale, mais j'ai sans cesse le désir d'inventer, d'apprendre, d'aimer. J'attends de ma vie en ce monde qu'elle m'étonne tous les matins.

À la radio, je vais mon train. Je raconte toujours, le soir, dans *Marche ou rêve*, je m'y sens en famille et je me vois parti pour une éternité sans obstacle majeur. J'avais oublié l'Imprévu, le plus piquant des éveilleurs. Le directeur d'Inter, un jour, me convoque dans son bureau. Il a en tête une émission qu'il aimerait me confier. Son sujet ? La chanson française. Il me fait un clin d'œil complice.

– Tu connais, non ? Qu'en penses-tu ?

Il a le sourire content d'un porteur de bonne nouvelle. J'en reste un instant stupéfait. Retourner d'où je viens ? Oh non, je ne peux pas. Une bouffée mélancolique m'embrume. Je me sens rougir. J'ai laissé là-bas, rive gauche, trop d'amis fatigués, trop de bonheurs défaits. Je bafouille un refus poli.

Passent les jours et les semaines jusqu'au soir, après l'émission, où Villers me glisse à mi-voix, en confidence de couloir, que le patron va m'appeler et me proposer du nouveau.

– Cette fois, me dit-il, accepte. Tu as fait monter les enchères, c'est bien, mais tu n'auras pas mieux.

J'en reste idiot. Quelles enchères ?

– Je n'ai rien fait monter du tout !

Son air discrètement canaille me dit qu'il n'en croit pas un mot. Je n'insiste pas. Je me tais. Qu'il m'imagine fin stratège, après tout, ne me déplaît pas. La proposition qui m'est faite, cette fois, est inespérée. Elle fait courir mon cœur partout. Une demi-heure de contes après la messe politique du journal de la mi-journée. Bref, me voici seul maître à bord du *Grand Parler*. Cap au grand large ! Deux contes par jour à trouver, à faire beaux, à raconter. Je travaille d'arrache-tête. Je ne vois plus passer les jours. J'espère mais je ne sais pas que mes histoires millénaires font leur chemin dans les oreilles, éclairent çà et là des gens, les laissent rêveurs, les étonnent, et réveillent aussi des conteurs qui ne savaient pas qu'ils l'étaient. Je rencontre encore aujourd'hui des auditeurs du *Grand Parler*. Ils se souviennent, leurs yeux brillent, et nous voilà pour un instant comme des amis de toujours. Innocente magie des contes ! J'ai fait mon travail de passeur, et puis le temps a fait le sien. Il m'a fatigué les méninges.

J'ai mis un an ou deux à m'user tout à fait, à ne plus me sentir utile, à ne plus prendre de plaisir, à ne plus assurer qu'un boulot quotidien de raconteur à heure fixe. J'ai tout de même fait, avec Jacques Pradel, mon ami entre tous fidèle, quelques émissions mémorables où Étienne Perrot venait, le vendredi, interpréter subtilement les rêves de nos auditeurs. Et puis je me suis dit un soir, comme je sortais du studio, que j'étais en danger de radotage gris. Je suis allé voir le patron dès le lendemain, à midi. Un rayon de soleil éclairait le fauteuil qu'il m'a, d'un geste, désigné. Je lui ai annoncé que je voulais écrire, et donc prendre une année de congé sabbatique. Il m'a dit :

– Mais bien sûr.

C'est tout. Quand dix ans veulent passer vite, ils commencent sans avoir l'air et finissent sans au revoir. Je suis parti, et revenu. On ne m'avait pas attendu.

10

Jean-Marc Roberts. Jean-Marc, feu follet intrépide. Quand il débarque dans ma vie, j'en suis encore à réveiller mes histoires du vieux passé devant mon micro quotidien. Nos compagnes de ce temps-là sont journalistes, amies, joyeuses. Nous dînons ensemble, et voilà. Notre amitié commence là, dans un petit appartement à la fenêtre grande ouverte sur une cour d'immeuble où gémissent des chats. S'il a vingt-cinq ans, c'est tout juste. Il a déjà, en coup de vent, publié deux romans inquiets et pourtant légers, aériens. Il est éditeur chez Julliard. Il a des airs d'enfant prodige qui parfois se voudrait voyou. Apparemment, rien ne nous lie. D'où que je sois, il est d'ailleurs. Sa mère est comédienne, elle court les cabarets. La mienne est une institutrice de père en fille syndiquée. Il est parisien jusqu'à l'os, je traîne partout mes Corbières. Où qu'il se trouve, il est chez lui. Moi, je me sens de nulle part. Je suis lourdaud, il est joueur comme un enfant aristocrate. Il écrit facile, pas moi, je m'applique comme à l'école, mal dégrossi, besogneux, lent. Au poker, il peut miser gros. Moi aussi, mais des haricots. Je réprouve les jeux d'argent. Enfin, il ignore les contes. Ils ne sont pas de son pays. Il sait ne pas en dire un mot sans abîmer notre amitié. Il sera mon seul éditeur, près de vingt ans, sans un nuage.

J'écrivais pour Jacques Pradel, depuis le temps de *Marche ou rêve*, une nouvelle par semaine, qu'il lisait à ses auditeurs chaque lundi après-midi. J'en fais un recueil. Il lui plaît. Je le lui confie, il l'édite. Il me dit par plaisanterie (du moins je pense qu'il badine) qu'il se fait fort de m'obtenir la bourse du jury Goncourt attribuée aux textes courts. J'y crois si peu que le dimanche où je suis déclaré vainqueur, je ne suis pas où je devrais. Je raconte sur un bateau, dans l'embouchure de la Seine où je suis pris d'un mal de mer qui fait de ce jour-là un séjour en enfer. Bref, j'efface quelques semaines. Jean-Marc me prévient un matin, en secret (mais ce n'est qu'un jeu, tous ses amis déjà le savent), qu'il entre aux éditions du Seuil.

– Je t'emmène.

C'est sans réplique. Six mois plus tard, premier roman.

Le jour même où je lui remets, à la terrasse d'un bistrot, mon manuscrit enfin bouclé, je découvre un Jean-Marc nouveau. Évidemment, je suis inquiet. Je dois attendre qu'il l'ait lu, qu'il m'en dise ce que j'espère, qu'il me ravigote la vie, car pour l'instant le mauvais sang est comme un rat dans le grenier, il gratouille, il grince, il m'énerve. Combien de temps à patienter ? Au moins une semaine ou deux, c'est à peu près ce que j'estime. Je n'ose pas lui demander de me dire vite s'il aime, s'il est déçu, si je suis mort, si j'ai encore un avenir. Nous parlons football, fariboles, comme deux copains sans souci, mais j'ai hâte qu'il aille lire. On dirait qu'il le sent. Il me fait un clin d'œil, finit son café et s'en va. Je rentre sans hâte chez moi. Deux heures plus tard, téléphone :

– J'en suis à la page 50. Ne t'inquiète pas, c'est très bien. Je continue. Je te rappelle.

Deux heures encore, et à nouveau :

– J'ai presque fini. C'est gagné. Je crois que j'ai trouvé un titre.

Il dit cela en confidence comme un enfant voluptueux. Il joue à l'éditeur heureux. « La vie est un jeu plutôt triste, me dit le dedans de sa voix, donc aimons-nous, soyons contents quand elle veut bien nous accorder un moment de récréation. » Quel ami émouvant il est ! Il connaît, bien sûr, mon angoisse, il a ses peurs, évidemment, mais il ne veut en dire rien, il préfère faire le fier. Le titre, il me le fait attendre. Je lui dis :

– Avoue.

Il se tait. Il dit enfin :

– *Le Grand Partir*.

Je ris un brin. Il est malin. Mon *Grand Parler*

radiophonique est encore dans les mémoires. Comme j'hésite à l'approuver :

– Tu veux le vendre ou pas, ton livre ?

Le Grand Partir sort, fait sa route. Il ne va pas loin, mais qu'importe. Je le vois un jour en vitrine, dans une librairie cossue. Je le contemple, longuement. Voilà, je suis un écrivain.

Mon deuxième roman me fait un mal de chien. Comment me vient-il à l'esprit ? Comme un bombardement d'images tombées de je ne sais quel ciel. Je plonge, une nuit sans pareille, dans un songe plus grand que moi. J'ai le sentiment qu'il me dure du premier sommeil au matin. Est-ce possible ? Je ne sais, le temps aime à tromper son monde, mais le fait est que se déroule devant mon regard fasciné un film impossible à lâcher, un récit tourmenté, grandiose comme un chant d'antique épopée. Dès le réveil, papier, stylo, je note en vrac, à toute allure. J'ai peur de perdre, ici ou là, un personnage, un moment fort. Je suis tout à fait convaincu que j'ai vécu dans mon sommeil un vrai, un grand, un sacré mythe. À quoi bon le conter ici ? À l'occasion, lis-le, mon fils, il est dans *Le Trouveur de feu*. Bref, l'oublier ? Je ne peux pas. Le garder pour moi ? Comment faire ? Il est trop grand, trop emballant. Je veux l'écrire, je le dois, je m'en fais une obligation. Avec un respect pointilleux je travaille jour après jour, pour me hisser à sa hauteur, à ciseler ses moindres mots, je ne veux être que son scribe, son accoucheur en ce bas monde où il accomplira son œuvre sans plus se soucier de moi. J'imagine pourtant, quand je lâche la bride à mes songes mégalomanes, qu'il m'offrira peut-être un jour la gloire la plus enviable qu'un poète puisse espérer : devenir le père anonyme d'une de ces grandes histoires plus durables que leurs auteurs. J'exagère jusqu'à me croire le frère de ces inspirés qui ont conté, les yeux fermés, à leur tribu préhistorique les mystères immémoriaux, la vie de l'au-delà des temps. Bref, je fabule, je m'emballe, mais cela reste mon secret. Je n'en dis ni n'en montre rien, je joue les modestes tranquilles. Je me vois grand. Je suis le seul.

Mon roman sort. Jean-Marc ne m'en dit pas un mot, mais étrangement, peu m'importe, mon livre est beau, j'en suis certain. Je crois qu'il va laisser les gens les yeux grands et la bouche ouverte. Mais non, silence. Rien ne vient, sauf, voletant jusque chez moi, un entrefilet de journal signé de simples initiales. Dix lignes pour un mot d'esprit : « *Le Trouveur de feu* est un rêve. On veut bien le croire, il endort. » Je tombe de mon panthéon, il était haut, la chute est rude. Je m'enferme, je m'emprisonne, je me sens bastonné, honteux, fini, perdu, jeté dehors. Je veux qu'on m'oublie, qu'on me laisse. J'aimerais être sourd-muet. Je ne parle plus à personne, et surtout pas au téléphone. Je me cauchemarde, une nuit, traversant un bûcher de livres. Un autre jour je lis à mon ami Perrot ce rêve de mauvais sommeil : une manchette de journal. Titre souligné, pleine page : « *Le Trouveur de feu* : un désastre. » Mais les espaces entre les lettres bougent selon l'angle choisi. On peut lire aussi : « un des astres ». Perrot s'en amuse. Pas moi.

Enfin, après un mois de ruminements sombres, je reçois ce mot de Jean-Marc : « Ce qui t'est vraiment arrivé, c'est un accident de voiture. La meilleure des thérapies est de reprendre tout de suite ton chemin où tu l'as laissé. Arrête de bouder. Au boulot ! Je t'embrasse. » C'est comme si, enfin, il ouvrait mes volets. Je revis, le soleil m'inonde. Sans cette main tendue qui m'a hissé au jour, que serait devenue ma vie ? Je n'aurais en tout cas pas écrit *Bélibaste*. Je ne sais plus par quel hasard je raconte un jour à Jean-Marc les tribulations de cet homme mentionnées dans les vieux registres de l'Inquisition de Pamiers. Je lui parle de mes Corbières, de mes montagnes familières où ce dernier des résistants à la tyrannie catholique a vécu sa vie et sa mort plus de huit cents ans avant moi. Il m'écoute, l'œil allumé. Il me dit d'un air d'évidence :

– Le voilà, ton prochain roman.

Je l'écris en neuf mois. Dès son jour de naissance, il passe, comme on dit en ces temps, « chez Pivot ». Chance époustouflante, improbable. *Apostrophes*, pour un auteur, est plus qu'une émission où l'on parle bouquins, c'est une lune décrochée au sommet d'un mât de cocagne. Pivot, tous les vendredis soir, pratique la seule critique qui me paraît de bon aloi. Il donne à aimer ce qu'il aime. C'est

Aragon, je crois, qui définit ainsi les bons juges en littérature : enthousiastes et pédagogues. Bernard Pivot est de ceux-là. Il m'aide à allumer chez des milliers de gens l'envie de lire *Bélibaste*. Me voilà, du coup, installé dans l'air tonique des hauteurs. On m'affiche dans les journaux. Je vends. Quelques célébrités me tapotent l'épaule et m'appellent par mon prénom. J'en éprouve secrètement une ivresse inconnue, légère, qui ressemble de près (bien sûr, je n'en vois rien) à de la vanité. *Le Trouveur de feu* ? Oublié. Mon désarroi ? Simple broutille, souvenir désormais risible d'un temps à jamais révolu. Je me crois aimé pour longtemps, pour toujours peut-être, qui sait ? Je ne me sens plus éphémère. J'ai tort. Une nouvelle angoisse sort de son trou, dans mes dedans. J'écris *L'Inquisiteur*, histoire d'un vieux Juif face à son jeune juge. Dès son premier jour de sortie : « Alors, *Apostrophes*, ça vient ? » Ce qui, il n'y a pas si longtemps, me semblait un graal, un miracle espéré m'apparaît soudain comme un dû. Passent quinze ou vingt jours colériques, énervés. « Mais enfin, Jean-Marc, on m'oublie ? Que font les attachées de presse ? » Je ne me sens plus désormais un simple passant ici-bas. Je m'étais imaginé l'être dans ma sagesse fantasmée, mais non, en vérité je suis un « arrivé » au pays des avides.

Apostrophes sort du brouillard, tout est bien, je peux respirer. Fin d'émission.

– Comment j'étais ?

Jean-Marc, tranquille :

– À mon avis, on va remplir le Parc des princes.

Un mois plus tard :

– J'avais raison.

Autant de lecteurs que de gens assis autour d'un match de foot. Je devrais m'en trouver pantois, éperdument reconnaissant envers l'ange aux tours magiciens qui semble veiller sur ma vie, mais non. Je réponds :

– C'est pas mal.

Je n'ose dire : « C'est normal », je tiens à passer pour modeste. Je le suis à peu près comme un coq de village. Je fais le beau, je joue l'aisance, mais je ne sais quoi grince en moi. Suis-je satisfait de mon sort ? Certes oui, et pourtant une drôle de voix me dit que ma place est petite, que je pourrais prétendre à l'étage au-dessus où sont les écrivains qui pensent, qui remuent de grandes idées, qui font parler dans le beau monde. Raconter des histoires, soit, je sais faire. Mais c'est trop peu. J'aimerais bien être important, voilà le mot qui me chatouille. Un simple conteur populaire ne peut prétendre penser haut. J'écris *Le Fils de l'ogre* avec ce désir fat de philosopharder. Je ne l'ai pas relu, j'ai oublié l'histoire, mais elle manquait de chair sans doute, d'envie de ne rien faire d'autre que de conter pour le plaisir de remuer des cœurs complices. Le fait est que mon *Fils de l'ogre* n'intéresse ni l'alentour ni le public du Parc des princes. Je n'en fais pas un drame intime, mais j'en prends un coup de boxeur.

Une anecdote ridicule me remet la tête à l'endroit. Je me trouve un jour, par hasard, le témoin approximatif d'une crise de nerfs qui m'ouvre grands les yeux. Je surprends, du couloir, par la porte entrouverte d'un petit bureau d'éditeur, les trépignements d'un auteur qui vient d'apprendre, apparemment, qu'il n'est pas l'élu des Goncourt. Et je découvre, ce jour-là, la ravageuse Avidité (elle vaut bien une majuscule), cette sorcière, cette ogresse qui pousse au gouffre qui elle tient. Je quitte mon poste d'affût. Me voici dehors, dans la rue. Je n'entends plus les mille bruits des voitures, des gens qui passent. Je ne vois plus qu'elle soudain, vampire folle dévorant ce pauvre grand homme entrevu. Je la reconnais, la bougresse ! Elle est là aussi, dans mon cœur, dans ma tête, dans ma carcasse. « Tu voulais être un écrivain ? m'a-t-elle murmuré, un jour que je goûtais des flatteries banales. Tu l'es. Es-tu content ? Ne voudrais-tu pas plus ? Que dirais-tu d'un brin de gloire ? » Être quelqu'un, oui, pourquoi pas ? Je ne vois pas de mal à ça. Voilà le poison avalé. Il me fait oublier que j'ai voulu écrire, au temps de mes premiers envols, pour l'incomparable bonheur d'être poète, aventurier, colporteur d'amour de la vie, bref artiste de grand chemin, comme on disait jadis des voleurs légendaires. M'aurait-on dit alors : « Tu vivras de tes œuvres, d'accord, mais pauvrement, dans un logis de mélodrame, la tête au ciel, les pieds au froid », j'aurais signé, et des deux mains. « Et maintenant, grince l'ogresse, estimé de ton éditeur, honoré des bibliothécaires, aimablement apostrophé, veux-tu vraiment en rester là ? Allons, tu peux prétendre à mieux. N'es-tu pas jaloux, quelquefois, de ces bouffis que l'on invite dans les palais présidentiels ? » J'ai du mal à me l'avouer, mais c'est vrai, j'aimerais, moi qui me sens petit, qu'on me prenne pour un grand homme. Voilà l'artiste dévoré, ou du moins en danger de l'être. Pourrais-je aller jusqu'à tomber en trépignements infantiles pour un vieux hochet confisqué ? Je ne crois pas, mais il est temps que j'aère mon atelier.

Le fils de l'ogre tombe assis dans la poussière du chemin. Un rêve me le montre ainsi, puis je me vois au pied d'un arbre, écoutant un homme inconnu. Je ne sais pas ce qu'il me dit, il me parle, tranquillement, mais du rêve ou d'ailleurs, qu'importe, me viennent, à mon réveil, ces mots : « Ne t'escrime pas à passer pour ce que tu ne saurais être. Écris, raconte, et fais confiance. Tu n'as pas le choix, tu le sais. N'essaie pas de jouer les intellectuels, tu perdrais ton temps et le nôtre. On ignore les contes, on les croit négligeables, on les abandonne (on a tort) aux enfants, aux vieux ignorants. Dis-toi que tu es là, sur terre, pour les aider, pour les servir, pour leur redonner de l'entrain, pour les pousser plus loin que toi. Décide que c'est ton travail et ne te soucie plus du monde. Tu auras le secours qu'il faut pour cheminer sans trop de mal. » Le murmure s'en va, je ne veux pas le perdre, je tente de rester dans mon demi-sommeil, j'aimerais que me parle encore ce semblant de voix qui me fuit. J'ai des questions. Plus de réponses. Alors je me dis : « C'est d'accord », et je m'en retrouve apaisé.

Est-ce que je crois vraiment à ce guide invisible qui semble savoir mieux que moi sur quel chemin je dois aller ? Ma tête dit : « Bien sûr que non », je suis un terrien raisonnable. Ma rêverie répond que oui. Cet homme qui me parle à l'ombre de son arbre me fait un bien inespéré. Alors pourquoi le condamner au néant, à l'inexistence ? Il est imaginaire ? Soit. Mais le fait est que sa rencontre m'élargit le cœur et les sens, elle me fait respirer plus haut, elle me donne des forces neuves. Au nom de quelle loi devrais-je préférer une vérité sèche à un rêve fécond ? Ma tête fait la tête, elle me dit de me taire, elle ne veut pas m'entendre, elle a honte de moi. Elle a, elle, des certitudes qu'elle ne veut pas voir contestées. Le réel et le songe creux ne sauraient être confondus, sinon nous voilà tous perdus dans un brouillard rédhibitoire. Ma voix rêveuse lui répond que le vrai (ou ce qu'on croit tel) n'est peut-être qu'une apparence, et que le faux, peut-être bien, n'est que du vivant déguisé. Où se niche la vérité ? La trouverai-je un jour ? J'en doute. En attendant, si j'ai le choix, j'adopte ce qui m'est utile, ce qui me donne envie d'aimer, ce qui efface mes fatigues. Je décide donc, vrai ou faux, irréel ou non, peu m'importe, qu'au pied d'un arbre familier un vieux vivant veille sur moi. J'aime mieux lui dire merci que de le traiter de fantasme. Ma tête raisonnable en reste renfrognée mais, bonne nouvelle, elle se tait.

Je me sens bien avec les contes. J'en écris, j'en remets à neuf, j'en publie un recueil, un autre. Ils ne font pas de moi un gibier littéraire digne d'être pris au sérieux chez les chasseurs d'auteurs connus des présidents, mais peu m'importe, ils sont aimés de gens que parfois je rencontre et qui ont tous dans l'œil le même éclat de vie. Au début des années 1980, je ne raconte pas encore, comme quelques autres, en public. Ils ne sont pas nombreux, ces colporteurs d'histoires, à allumer des films derrière des regards. Je ne suis pas des leurs, je m'en sens incapable. De temps en temps, pourtant, on m'invite à sortir du poste transistor (où l'on ne m'entend presque plus) pour venir en chair et en voix raconter dans des bibliothèques ou de petits lieux culturels. J'explique aimablement que je ne sais pas faire, que je ne suis pas un conteur mais juste un parleur de radio, que je n'ai pas de répertoire, bref, que je suis incompétent, jusqu'au jour où quelqu'un, au téléphone, insiste avec une énergie de char d'assaut rompu à toutes les batailles. J'ai déjà entendu la voix de cette femme. Elle me dit qui elle est. Catherine Zarcate, conteuse de haut vol.

Quelques mois avant ce jour-là, je l'ai vue raconter, un soir, sur une scène de banlieue. Je l'avais trouvée admirable, royalement posée dans un rayon de lune tombé d'un projecteur aussi seul qu'elle l'était. Elle programme, pour l'heure, de modestes soirées de contes et récits dans un lieu au nom qui me plaît : Théâtre de la différence. Elle voudrait que j'y vienne, un de ces prochains jours, raconter quoi ? Peu lui importe, ce que je voudrai sera bien. Je renâcle. Elle s'obstine. Elle me dit (coup fatal) :

– Il me vient une idée. Vous ne préparez rien. C'est simple, vous improvisez, vous parlez une heure et demie. Un réveil, au bout de ce temps, sonne la fin de la rencontre. Je le vois bien pendu au bout d'une ficelle, juste derrière votre tête. Conterez-vous assis ? Debout ? Bref, il sonne, vous concluez, et voilà, nous rentrons chez nous.

Je réponds :

– Vous prenez des risques.

De fait, le défi m'aiguillonne. Elle prend le rire qui me vient pour une capitulation. Je proteste un peu, mollement, et puis, d'accord, marché conclu. Le jour venu j'éprouve un plaisir enivrant à raconter mon *Bélibaste* et autres histoires accourues, toutes fringantes, à mon secours. Je croyais n'avoir rien à dire. Je n'ai pas vu passer le temps. Les gens non plus, apparemment.

Me voici donc conteur dûment estampillé. Longtemps, à la radio, j'ai consommé des contes, au moins un par jour, parfois deux, à peine racontés déjà poussés dehors, déjà classés dans mes archives, autant dire dans l'oubli sec. Je n'avais pas, je m'en rends compte, cette nécessaire lenteur qu'exige l'amitié des choses. Il faut prendre le temps quand on veut aimer bien. Je ne suis plus aussi pressé qu'à l'époque du travail fou.

Désormais je peux m'attarder auprès de ceux qui m'émoustillent. Je les goûte, je les chantonne, quand je suis seul, pour le plaisir, je fais d'eux, peu à peu, des amis familiers. Quand on m'invite à raconter, j'accepte, je n'hésite plus. Au fil des soirées je retrouve une remuante famille d'histoires venues de partout, de Chine, d'Amérique indienne, d'Afrique, des pays neigeux, toutes nées de la même source, du même cœur universel, car tous les contes mis au monde chantent, dans leurs tréfonds, la même mélopée, la même musique amoureuse, le même espoir, les mêmes peurs. J'ai l'impression qu'ils sont vivants, qu'ils se plaisent à franchir allègrement les portes que les gens veulent bien ouvrir. Je les habille à ma façon, je les raconte sans apprêt. Ils n'ont pas besoin de théâtre, de tambours, de remuements d'air, ils sont simples, ils m'apprennent à l'être, et des regards qui les écoutent j'apprends à aimer sans questions, sans rien qui pèse, innocemment. Ma vie s'apaise, elle va aussi bien qu'elle le peut. J'écris, c'est difficile, austère, monacal. Je me vois comme un écolier enfermé en salle d'étude, mais comme disait ma grand-mère, « tu l'as voulu, eh bien tu l'as ». De temps en temps je pars raconter mes histoires, je rencontre des gens, l'air est léger, joyeux. Je suis comme en récréation. À l'instant où j'écris ces mots me vient cette question bizarre qui me laisse le regard flou : depuis ces jours de vieille enfance où les pendules s'escrimaient à me faire crever d'ennui, ai-je jamais quitté l'école ? Tout compte fait, je crains que non.

C'est en ces temps bien ordonnés que je rencontre Bernadette. Où étais-tu, mon fils, quel visage avais-tu cette après-midi de printemps où ta mère m'est apparue ? Nous tournais-tu autour, déjà, invisible et pourtant vivant ? Je te l'ai demandé, un jour, tu n'avais pas plus de trois ans, tu m'as répondu d'un grand rire. Dans un bistrot bruyant de la rue Jussieu nous avons donc, ta mère et moi, un rendez-vous non pas amoureux, pas encore, mais pratique, sans fleurs autour. Elle est, dans cette fac aux tours rébarbatives qui regardent de haut notre café-tabac, prof de littérature orale. Son séminaire est fréquenté par une surprenante assemblée d'étudiants qui semblent découvrir avec enthousiasme ce qu'une lecture ordinaire des contes dits traditionnels ne permet pas d'apercevoir. Bernadette a parfois entendu dans le poste mes histoires du *Grand Parler*. Et donc l'idée lui est venue de me proposer la rencontre de sa troupe de passionnés. Elle aimerait que je leur parle de mon « métier », de mon « travail » (mais non, ces mots ne me vont pas), de mon inusable plaisir de conteur de vieilles histoires.

Je n'ai qu'un vague souvenir de ce que je dis ce jour-là, des questions qui me sont posées, vives, joyeuses, pétulantes. Bernadette intervient à peine. Attentive, l'œil à l'affût, elle reformule, çà et là, quelques questions mal fagotées. Fin de l'heure, merci, bonsoir. Nous nous séparons bons amis mais sans projet de revoyure.

Comment se trament les destins ? Par hasard ? Par jeu ? Mais qui joue ? Je voudrais tant pouvoir aimer ce dieu aux airs de joli diable qui raconte (à qui ?) notre vie ! Après un an indifférent, nouvelle chance imaginée par le diablotin pagailleux qui se bricole mon histoire. « Fais de ta vie un beau récit », a dit Djalâluddîn Rûmî. J'ai le sentiment, pour le coup, que je me contente de suivre, et que je ne gouverne rien. Centenaire d'Henri Pourrat, et colloque international en l'honneur du plus grand (et pourtant oublié) collecteur-écrivain de contes du siècle qui vient de passer. Il se tient, ce colloque, à Clermont, en Auvergne, la terre mère de Pourrat. Bernadette en est maître d'œuvre. Elle m'invite à conter une brassée d'histoires parmi celles cueillies tout au long de sa vie par ce maître discret d'école buissonnière. Nous passons quelques jours ensemble, et (comment dire ?) notre vie change soudain de sens, de couleur, de lumière, de paysage et de maison. Je me souviens qu'au temps où je poussais sans cesse mon cher Luis aux sept plumes d'aigle à ne rien me cacher de ses tribulations, il arrêtait parfois, d'un geste indiscutable, telle question de fureteur et ronchonnait : « Stop, vie privée. » Je me sens tout à coup de son humeur pudique. Je ne dirai donc rien de plus, sauf que notre histoire, mon fils, et la tienne, encore lointaine, voient le jour ces jolis jours-là, dans ce cœur de France profonde.

Des quelques années d'avant toi me reste un grand sac de vie forte, d'amis nouveaux et valeureux, de projets hasardeux mais beaux. En 1986 l'occasion m'est donnée par le maire d'Alès, un homme comme on n'en fait plus dans les fabriques politiques, d'offrir huit jours durant à la population un festival de la parole. Pour qui aurait envie de lui redonner vie, voici en vrac les fruits de mon arbre à idées. Inventaire : des contes en veux-tu en voilà, au coin des rues, dans les bistrots, au théâtre, dans les écoles ; un concours d'improvisation sanctionné de jets de pantoufles sur les marchands de bâillements ; un championnat de plaidoirie ; un acharné tournoi d'insultes (les femmes, étrangement, s'y montrent impitoyables) ; une radio ouverte aux auteurs amateurs de chansons, de poèmes ou de récits de vie. Toutes les paroles y sont libres et diffusées dans l'air des rues. Parmi les rêves inaboutis, mais on peut toujours espérer pour demain, pour bientôt, pour dans longtemps peut-être : des murs blancs réservés aux messages d'amour, et pour une journée, une seule, pas plus, les affiches publicitaires partout en ville remplacées par les chefs-d'œuvre de Van Gogh, Rembrandt, Chagall, Gauguin, Matisse, en papier, certes, mais offerts, pour le plaisir, sans rien à vendre. C'est sans doute trop demander. Je suis jugé extravagant, irresponsable, farfelu. Il me faut avouer aussi ce que j'aurais mieux aimé taire. Coup de tristesse inattendu, découragement passager : en banlieue dite difficile, une bibliothèque est brûlée. Seule réponse, dérisoire, mais nous ne pouvons faire mieux : nous allons raconter, dans ses débris, des contes. Et puis à la radio ouverte à tous les vents on ne lit pas que des poèmes, on vient insulter son voisin, puisqu'on est libre de tout dire, ou dénoncer un adultère, ou se rouler dans la gadoue de discours gras, parfois ignobles. Mais ce ne sont là que scories probablement inévitables. La fête est tout de même heureuse, on se regarde joliment, on se parle sans se connaître, et puis chance, par grand soleil, je rencontre un jeune homme haut tant de taille que de regard. Il s'appelle Olivier Poubelle.

Il a créé la revue *Dire* où ne parlent que des conteurs, ce qu'à l'évidence il n'est pas. Je lui trouve l'air britannique et la parole mesurée d'un garçon de bonne famille. Bernadette, qui le connaît, m'affirme que les contes et les gens qui les servent l'intéressent (il les connaît bien), peut-être même l'émerveillent, quoiqu'il n'en montre presque rien. Son métier est encore à naître. Il en parle peu, mais qu'importe, on sent bien quel est son désir. Les saltimbanques sont des gens que les lois du monde embarrassent. Il sait cela. Il sait aussi qu'il pourrait aider à marcher ceux qui boitent du pied pratique. Ce qu'il veut être ? Agent d'artistes, et d'abord de conteurs aimés. Attend-il que je lui demande de me simplifier la vie ? Qu'importe, nous sommes d'accord avant même d'ouvrir la bouche. Je me souviens de ce jour-là. Nous parlons au coin d'une rue, parmi les gens en baguenaude. Il fait doux. Je lui dis, l'air faussement léger :

– Nous pourrions travailler ensemble.

Il me répond, toujours droitement britannique, mais

avec, tout à coup, une force enjouée que je ne lui connaissais pas :

– Oui, bien sûr, j'en serais heureux.

Voilà comment furent scellées trente années de compagnonnage, un jour de plein soleil, dans une rue d'Alès. Plus de trente ans durant il fut – il est encore – un ami nécessaire, avisé, attentif et d'une constance limpide. En ces temps sans soucis où la bonne parole n'avait d'autre ambition que de faire plaisir, il débutait en tout. Il a grandi, il a, comme on dit, réussi. Il est aujourd'hui devenu un entrepreneur culturel parmi les plus considérés. Il est pourtant resté fidèle à notre tranquille amitié, à notre contrat non écrit, dit en deux mots, et pour toujours. Je pense à mon vieux Luis qui me disait souvent :

– Quand nous vient du bien, même peu, ou quelque bonté de hasard, ou un ami de bonne graine, n'oubliez pas, dites merci. À qui ? Peu importe, à personne, ça fait toujours plaisir à l'air.

Eh bien voilà, l'air est content.

En 1987, je découvre l'Afrique noire. Elle est rouge, selon mon œil. Première image du Mali : rouge le ciel, rouge la terre. Semblable à un trait sombre entre ces deux brasiers, un troupeau de bêtes cornues s'avance vers nous, le front bas. Un homme presque nu, apparemment fluet (son corps tremblote dans l'air chaud), marche devant son armée rouge. Il tient sur son épaule brune un long bâton plus haut que lui. Je l'imagine roi d'un peuple sorti de la forge des dieux. Je suis pour un mois invité à Bamako-Grande-Parole et Bernadette m'accompagne. Elle a vu le jour au Mali. Elle a, sous ce soleil, des souvenirs d'enfance. Elle retrouve son pays père et je ne lâche pas sa main, mais je ne parlerai pas d'elle. Nous sommes ensemble, c'est tout.

Les conteurs sont ici les gardiens respectés de la parole des ancêtres. Ils ne racontent jamais seuls. Les Esprits sont là, quand ils parlent. Pour quelques jours, je suis des leurs. Premier soir : une vaste place, la lune et son troupeau d'étoiles, un podium et deux caméras. Trois mille spectateurs sont assis dans la poussière fauve à écouter, la nuit durant, des histoires de vieille source portées par des hommes vêtus comme dans les livres d'images et filmés en direct par la télévision. Voilà le festival ouvert. Je découvre, et je m'émerveille. Les gens savourent les récits en amoureux des belles phrases. Qu'une réplique bien sentie éclaire soudain le récit, ils l'applaudissent, ils la répètent, ils la commentent hautement. Alors le beau parleur s'interrompt un instant, caresse du regard la foule et prend le temps de déguster, en fin gourmet, les compliments. J'aime cela, j'aime ces êtres, ce pays, sa chaleur, ses nuits. Le lendemain je déambule sur le marché de Bamako aux senteurs que je sais semblables à celles que l'on respirait, chez mes ancêtres médiévaux, sur les places des gros villages, odeurs de ferraille et de cuir mêlées d'épices, de crottin. Je me croirais presque chez moi, mais non, pourtant.

Sans Sidiki, sans Bernadette à mon côté, j'aurais tôt fait de m'égarer dans la cohue qui m'environne.

L'institut culturel français m'a fait la royale faveur de mettre à ma disposition une confortable voiture et le chauffeur qui va avec. C'est lui, c'est Sidiki, mon guide quotidien, géomancien et « grand chasseur ». C'est ce qu'il m'apprend, fièrement, dès notre premier jour ensemble. Nous sommes au bord du Niger. Je m'emplis cœur et corps de ce fleuve géant. Au temps des bandes dessinées (délices des peurs enfantines) il foisonnait de cannibales poursuivant des explorateurs.

– On appelle chez nous « grand chasseur », me dit-il, celui qui sait tuer sans blesser les Esprits. Je sais aussi guérir, j'ai eu d'excellents maîtres.

Je lui réponds, content de moi :

– Mon père soignait les brûlures. Quelques mois avant de mourir, il m'a écrit ce qu'il faut faire pour éteindre le mauvais feu. Je n'ai jamais eu l'occasion de soulager qui que ce soit. J'ai quand même gardé sa lettre.

Sidiki sourit, ébahi. Le voici tout à coup comme un enfant joueur.

– Si tu me dis comment tu guéris les brûlés, moi je t'apprends les mots qui soignent les entorses. On échange, entre amis. D'accord ?

Ma formule magique est restée à Paris, et je ne sais plus ce qu'elle dit. Je lui réponds, la mine grave :

– L'héritage du père est sacré, Sidiki. Rien ne saurait le remplacer.

– Oh, me dit-il, pardonne-moi.

Si j'avais pu jouer son jeu, l'aurais-je fait ? Peut-être non, peut-être oui, étourdiment. À l'instant où j'improvisais mon mensonge approximatif, les visages soudain vivants de ma grand-mère et de mon père m'ont fugacement traversé. J'ai dit, je crois, ce qu'il fallait.

Un autre jour, après une soirée de contes dans un village bambara, assis dans un fossé, les yeux dans les étoiles :

– Tu veux savoir ton avenir ? C'est tout simple, c'est comme un jeu. Si ta place publique est vide dans ta tête, ton être futur vient, d'abord timidement, car il a peur des bruits du monde, puis si tout est tranquille, il dit.

– Tu crois au bon Dieu, Sidiki ?

– Je crois en Jésus-Christ, c'est un Esprit puissant.

Il n'a pas voulu dire plus, sans doute pour ne pas risquer de choquer mes propres croyances. C'était un homme délicat et d'une noblesse émouvante. Il est mort aujourd'hui. Il a quitté le monde mais il est resté dans ma vie.

Un jour, à l'ombre d'un grand arbre troué de rayons de soleil où nous sommes une dizaine à parler fort, à boire sec :

– Qu'est-ce donc qu'un conteur ? dit-il.

Une voix répond, près de moi :

– C'est un homme qui, quand il parle, impose le silence aux femmes et aux enfants.

Tout le monde rit. Sidiki :

– Qu'est-ce qu'un maître de la parole ?

L'un de nous se dresse. Il est maigre. Sa voix est plus forte que lui. Tous les autres, alentour, se taisent.

– C'est un homme dont la parole est entre toutes si puissante (il fait un grand geste éloquent) qu'elle fait taire la femme, qu'elle fait taire l'enfant, qu'elle fait taire l'oiseau, qu'elle soulève le toit des huttes du village.

– Et qu'est-ce qu'un maître du silence ? demande encore Sidiki.

Les visages restent muets. Ils savent mais ils n'osent dire. Mon ami se penche vers moi :

– C'est un homme qui sait le mot qui fait vivre ou qui fait mourir.

Hochements de tête discrets. Plus tard, la nuit venue, comme l'on se sépare :

– Tu connais de ces sorciers-là ? J'aimerais en voir un de près.

Sidiki rit, hésite, et puis :

– Tu devrais rester plus longtemps.

J'ignore encore qu'à Paris m'attend un drôle de vivant prêt à nourrir un mort de faim qu'un grand chasseur a réveillé. C'est à mon retour du Mali que Luis est entré dans ma vie.

11

Un jour d'automne, vers midi. Je suis pressé. Pourquoi ? Je ne m'en souviens pas. Je me vois courant, zigzaguant (mon écharpe me dit qu'il vente) de museaux de voitures en klaxons impatients. Au bord du carrefour Faidherbe-Chaligny je m'engouffre, essoufflé, dans un bistrot-tabac. Il est presque désert. Silence, tout à coup, tranquille, somnolent. Des courses de chevaux occupent, dans un coin, une télé muette. Seuls se parlent trois hommes autour d'un guéridon. J'empoche la monnaie de mon paquet de gris. J'entends alors un nom prononcé dans l'air calme, par l'un des trois assis. Djalâluddîn Rûmî. J'allais sortir. J'attends, surpris. La voix, derrière moi, couleur d'Espagne indienne, savourant chaque mot, voluptueusement :

– « Nous avons traversé les ténèbres de l'océan et l'immensité de la terre. Nous avons enfin trouvé la fontaine de jouvence. »

Mon cœur s'allume, je me tourne. Je connais par

cœur ces mots-là. Une sorte d'Inca à la carrure ample, à la chemise ouverte malgré le mauvais temps, m'attrape du regard et nous disons ensemble :

– « Elle était au cœur de nous-mêmes et patiemment nous attendait. »

C'est Luis Ansa, mon ami Luis, mais je ne le sais pas encore. Nous rions, contents l'un de l'autre, et nous nous tapons dans la main comme deux complices sportifs. Il m'invite à boire un café. Nous parlons, bien sûr, de Rûmî, le plus grand poète du monde, chercheur de Dieu, trouveur de vie, inventeur d'un trésor de contes aussi précieux et salvateurs que des lumières dans la nuit. Ce saint savant, si mal connu ! Je m'étonne joyeusement de le trouver là, entre nous, dans l'ombre vaguement crasseuse d'un triste bistrot assoupi. Œil amusé de mon compère.

– Il aime goûter notre vie. Vous sentez comme il est allègre ?

Les assis pesamment se lèvent. Fin de rencontre. Nous sortons.

Étrangement, Dieu sait pourquoi, je refuse d'envisager qu'à peine apparu dans ma vie cet homme en sorte sans retour. Je l'accompagne donc jusqu'à son atelier. En quelques centaines de mètres j'apprends qu'il est artiste-peintre et restaurateur de tableaux. Je lui confie mon attirance pour les grands poètes persans, pour la sagesse des soufis, pour l'enseignement de ses maîtres. Il me dit qu'il n'en est pas un. Il s'avoue « simple responsable» (il n'a pas l'air d'aimer ce mot) du petit groupe parisien du derviche Omar Ali Shah. Je connais Idriss Shah, son frère, seigneur afghan, auteur de contes dans lesquels j'aime à me baigner. Les a-t-il lus ?

– Oui, me dit-il.

Et d'un air de chef rôtisseur :

– C'est de la bonne nourriture.

Son allure est lente, un peu lourde, et pourtant rien ne pèse en lui. Je lui parle. M'écoute-t-il ? Aucun des gens qui vont et viennent ne semble échapper à son œil. Il s'attarde à l'étal d'un marchand de primeurs, juste pour saluer l'Arabe, sur son seuil, échanger avec lui des amitiés rieuses. Il choisit une orange, la flaire en connaisseur, la fait rebondir dans sa main.

– Prenez-la, prenez-la, dit l'homme, c'est cadeau !

Luis me la tend.

– Sentez, dit-il. À elle seule elle est un conte !

J'en suis embarrassé, je la renifle aussi. Son parfum, un instant, emplit mon corps, la rue, les nuages, le monde. Nous voici parvenus chez lui. Nous franchissons l'entrée d'une cour d'artisans comme il en était autrefois, au temps des chansons des faubourgs et des orgues de Barbarie. Luis me désigne deux fenêtres grandement ouvertes au ciel gris.

– Nous nous réunissons le jeudi soir, dit-il. Deuxième étage, porte gauche !

Il est déjà dans l'escalier. Il croise un voisin qui descend. Ils échangent un instant quelques mots rigolards. J'ai le sentiment, tout à coup, qu'il entre dans une autre peau, une autre vie, une autre histoire, et que nous voilà oubliés, Rûmî, le vent, l'orange et moi. Je reviens au trottoir, à l'automne, aux grisailles. Je repasse devant l'Arabe, il me salue jovialement, comme une vieille connaissance. Je ne m'arrête pas, je lui réponds à peine. J'ai hâte de rentrer chez moi.

Les rites collectifs me font grincer le cœur. Je ne sais pourquoi, je renâcle, quelque chose résiste en moi. C'est ainsi, même si, parfois, j'aimerais me laisser aller aux litanies communautaires (non, de fait, je ferais semblant). J'assiste donc quelques semaines à de paisibles réunions où je m'efforce, pour l'instant, d'observer les règles locales. Je vais voir Luis, de temps en temps, hors des jeudis spirituels où, pour tout dire, je m'ennuie. Il me parle de son travail, des tableaux blessés par le temps, de l'attention tout amoureuse dont ont besoin ces vieilles œuvres qu'il doit ramener à la vie. Il me raconte aussi ses drôles d'aventures, et je découvre peu à peu un surprenant joueur de mots. Ses tournures charnues, inattendues, cocasses, le plaisir qu'il prend à conter, les souvenirs qu'il me confie et dont il sort toujours plus vivant que jamais me laissent l'œil éberlué et me poussent à l'aiguillonner, à dévorer son temps, à vouloir plus encore. Un matin, le café servi, tous deux calés dans nos fauteuils aux ressorts éreintés par des siècles de fesses :

– Je suis arrivé, me dit-il, à Paris, gare d'Austerlitz, les poches vides et le cœur fou comme un tableau de

Picasso. J'avais été chassé la veille d'une prison d'Andalousie. Je n'avais même pas un ticket de métro. Où pouvais-je aller, sans bagages, dans mes godasses lessivées par des milliers de kilomètres ?

Il a un geste d'évidence.

– À Montparnasse, à la Coupole, la Jérusalem des artistes, l'eldorado des marchands d'art ! J'avais la tête et le cœur pleins de ce haut lieu incomparable. Vu de mes rêves, il rayonnait comme le havre libertaire des réinventeurs de la vie. Là, j'allais forcément tomber dans les bras ouverts de Chagall, de Braque, de Modigliani (était-il encore vivant, à cette époque ? Peu importe, il était, pour moi, immortel). Bref, tous allaient me reconnaître, évidemment, comme un des leurs, moi, le primitif d'Amérique !

Il rit, mais son regard s'embrume. Il allume un cigarillo, hoche la tête, se souvient. Dans ce lieu déserté par ses compagnons d'âme il rencontre pourtant un homme, un maigrichon, qui écrit dans un coin en grignotant des frites. C'est Antonin Artaud, poète prophétique, écorché maladif et fou intermittent. Il reconnaît en cet Indien qui lui semble tombé d'un livre un frère comme lui égaré ici-bas. Il l'invite à sa table, il lui offre à manger. Se disent-ils leur dénuement ? Mon ami se tait un instant, puis le menton haussé d'un cran :

– Se plaindre, me dit-il, est le genre de luxe que les vrais miséreux ne peuvent se payer. Nous avons joué aux échecs.

Je fronce les sourcils et j'attends qu'il m'explique. Il le fait, la mine amusée.

Luis, aux échecs, était un rusé redoutable. Artaud (il me l'apprend), aussi. Ils échafaudent donc une arnaque classique de tout temps pratiquée par les voyous subtils. On invite un client si possible cossu à jouer, pour passer le temps, une partie sans conséquence. On perd. On le prend mal, du moins on fait semblant. Le vainqueur, tout fiérot, accorde une revanche. Cette fois, on s'applique. On parie ? C'est d'accord. On pose sur la table une mise alléchante. On gagne, évidemment, mais on reste modeste, on n'en croit pas ses yeux, on se prétend chanceux. Encore une partie ? Il en faut au moins trois ou quatre pour lessiver le candidat.

– Artaud semblait facile à battre, me dit Luis, mais en vérité, c'était un roublard démoniaque. Son air idiot nous a fait vivre quelques mois sans trop de soucis.

Il rit un peu, revoit ces jours, puis soupire et soudain sérieux :

– La pauvreté, dit-il encore, est une mère sans pitié, mais imaginative et d'excellent conseil. Je ne l'aime pas, je l'estime. Pour peu qu'on sache l'écouter, elle apprend beaucoup à ses fils.

De ses années de vaches maigres il me parle de temps en temps comme on allume par hasard un recoin de vieille mémoire. Il croque vite fait des profils de gringos à la terrasse des cafés. Il croyait ces jours oubliés, il se souvient et s'en amuse. Il fréquente quelques poètes « riches à crever, d'ailleurs ils crèvent » (du Léo garanti Ferré). Il porte beau, les femmes l'aiment. Il découvre Krishnamurti, se prend de passion pour Gurdjieff, vit l'existence aventureuse des chercheurs démunis de tout, sauf de confiance gaie, de désirs impatients et d'appétit mystique. Il peint partout où il le peut, expose ses dessins aux sorties de métro. Connaît-il Omar Ali Shah, déjà, à cette époque-là ? Il me répond que oui, que c'est toute une histoire, mais il ne m'en dira pas plus. Il peut enfin louer un atelier d'artiste. Il s'y installe. Il a gagné. Il a vaincu l'adversité.

Il n'est pas riche mais qu'importe, la vie, enfin, semble l'aimer. Il n'en est plus à vivoter, il lui arrive d'apparaître dans des cocktails de marchands d'art. Vient le dîner inoubliable. Un Américain à Paris l'invite à exposer ses œuvres dans sa galerie de New York. Quarante tableaux, ses meilleurs, sont choisis par son bienfaiteur. Un soir paisible de juillet à peine attiédi par la nuit, les voilà, dans son atelier, emballés, prêts pour le voyage, le Nouveau Monde, le grand bond. Quelques bons amis l'ont aidé à boucler ses précieux bagages. Ils sont partis. Demeuré seul, il jette un coup d'œil alentour, vérifie quelques emballages, les compte une dernière fois, verrouille la porte et s'en va. C'est alors qu'il faut décider si notre vie va quelque part ou si elle erre sans boussole dans un désert indifférent. J'ai, pour vivre, besoin de sens. Je veux donc croire qu'un veilleur, sur sa branche d'arbre invisible, désigne à Luis une autre route. Celle qu'il a choisie ne mène nulle part. L'atelier, ses toiles, New York, ses projets d'avenir, ses triomphes rêvés, tout brûle entre minuit et l'aube. L'incendie ne laisse debout qu'un chevalet carbonisé parmi les décombres fumants.

– J'ai voulu mourir, me dit-il.

Il revoit ces jours, et sourit. J'en reste un moment atterré. Je demande à mi-voix :

– Alors, qu'avez-vous fait ?

– J'ai appris un nouveau métier, restaurateur de vieilles œuvres, tableaux, meubles anciens, paravents japonais. J'ai abandonné la peinture, le temps de retrouver la vie.

Il se tait un moment.

– Et j'ai rencontré France.

Son épouse, forte pour deux, pratique quand il ne l'est pas, poutre maîtresse de son cœur.

Elle m'aime bien, à ce qu'il dit. Me revient un de ces matins où il m'attend, la porte ouverte. Il la laisse toujours ainsi lorsque nous avons rendez-vous. Il est au téléphone, au fond de l'atelier. Sur la petite table entre nos deux fauteuils, je remarque un bouquet de superbes fleurs blanches. Je devine qu'il parle à France. Je l'entends dire :

– Henri arrive, et avec quoi, bon sang de Dieu ?

Il me fait un clin d'œil complice.

– Tu ne devineras jamais. Un bouquet de pivoines blanches. Pour qui ? Voyons, pour toi, bien sûr !

J'en reste le menton pendant. Qu'est-ce qu'il raconte ? Je bafouille. Mes mains s'escriment à dire non, je n'ai rien apporté du tout. Il ne prête aucune attention à mes signaux de sémaphore, au contraire, il insiste, il m'enfonce, le bougre.

– Tu veux lui dire un mot ? Bien sûr, je te le passe. À tout à l'heure. Je t'embrasse.

Il me tend l'appareil, je le prends, je bégaie, je ne sais plus où me fourrer. Je dis que je me sens idiot, que ce magnifique bouquet était là avant que j'arrive. Je me perds dans mon embarras. Heureusement, elle rit, allons, ce n'est pas grave, elle me console un brin, elle me dit que Luis est un monstre, qu'il a de ces lubies, parfois, qu'il ne faut pas faire attention. Bref, à bientôt. Nous raccrochons.

Je me tourne, l'œil noir, vers mon bourreau hilare. Je lui dis sèchement :

– Vous pouvez m'expliquer ?

Il nous sert le café, s'enfonce dans les bras de son vieux fauteuil mou, et comme je m'assieds, vexé, au bord du mien :

– Je voulais savoir, me dit-il, si vous saisiriez l'occasion.

Mon regard s'arrondit, ma bouche balbutie, le brouillard s'épaissit. J'attends qu'il se dissipe.

– Vous auriez pu, dit-il encore, offrir un moment de

plaisir à une amie qui vous estime. C'était gratuit, simple, joyeux. Pourquoi a-t-il fallu que vos foutus principes viennent planter leurs gros sabots dans notre parterre de fleurs ?

– Mais enfin, Luis, comprenez-moi, je ne pouvais pas lui mentir !

Il me répond, tout doux :

– Pourquoi ?

Au-dedans, il s'amuse. Au-dehors il m'observe avec une acuité de prédateur malin. Je hausse le ton. Il m'agace.

– Je suis honnête, voilà tout. C'est un défaut, à votre avis ?

– Non, tout au plus un embarras, un mot qui ferme la fenêtre quand il fait soleil dans la cour. Oubliez donc vos grands chevaux ! Un cigarillo, mon ami ?

Il pousse vers moi son paquet. Il dit alors ces mots tranquilles :

– Vous voici à l'instant du choix. Quel chemin désirez-vous suivre ? Celui de la tête ou du cœur ? L'honnêteté vous garantit l'impunité des tribunaux. C'est très bien, je ne suis pas contre, mieux vaut qu'ils vous fichent la paix. Mais voulez-vous juste cela, n'être jamais pris en défaut ? Le cœur n'a pas de ces soucis. Parlez-lui, il n'attend que ça. Demandez-lui ce qu'il préfère : donner à l'occasion un plaisir de renard ou demeurer inattaquable ? Demandez-lui vraiment. Demandez-lui sans cesse. C'est de lui seul que désormais vous devez être l'apprenti.

C'est peu de temps après ce jour que j'ai, pour la dernière fois, assisté, stupéfait, à un jeudi soufi. Compte rendu de la soirée aussi objectif que possible. Nous sommes tous assis en cercle. Luis trône dans son vieux fauteuil, le visage impassible, étonnamment muet. Un inconnu est parmi nous. Mon voisin semble le connaître. Je le lui désigne :

– Qui c'est ?

Il me dit à mi-voix, la main devant la bouche, que notre homme nous vient de Londres.

– Et alors ?

Rien, voilà, c'est tout. Je ne sais ce qui se joue là mais apparemment l'heure est grave. L'invité attend un instant que les conversations s'éteignent. Il vérifie d'un bref coup d'œil que plus rien ne bouge alentour, après quoi il dit au silence qu'Omar Ali Shah l'a chargé de nous faire part d'une lettre (il nous prévient qu'elle sera brève) rédigée à notre intention. Il la lit. Elle est, en effet, d'une maigreur anorexique. Elle dit tout cru, sans commentaire, que Luis ici présent est pour toujours exclu du groupe de Paris, qu'il doit à l'instant le quitter, et que ceux qui seraient tentés de franchir avec lui la porte en seraient, eux aussi, bannis sans le moindre espoir de retour.

Luis se lève, bouche cousue, et quitte aussitôt l'assemblée. Tous les assis sauf un (le messager fatal) regardent leurs chaussures. Nous ne sommes que deux à le suivre dehors, Melly, la presque sœur de France, et moi, d'étrange bonne humeur. Je me souviens, au bout de la rue de Montreuil, d'un fond de ciel crépusculaire, de la boutique de l'Arabe, seule ouverte à cette heure-là, de la tranquillité du soir. Nous nous retrouvons tous les trois dans un restaurant asiatique devant des brochettes trop grasses et un bol de riz cantonais. Luis dîne sans un mot, comme s'il était seul. À vrai dire il n'a l'air ni défait ni rogneux. Je le suppose, tout de même, plus affecté qu'il ne paraît. Je n'ose pas l'interroger, toute question serait grossière, je le sens bien. Donc, je me tais. Je ne commente même pas, bien que l'envie me tarabuste, les inadmissibles façons de l'envoyé de monsieur Shah. Melly essuie furtivement une larme au coin de son œil. Elle sait, je crois, à peu près tout de ce que l'on ne m'a pas dit. Je pense que peut-être un de ces jours prochains, Luis me racontera l'affaire, mais non, il n'en parlera pas, et je ne demanderai rien. Je ne sais que ce petit peu : tout au long de notre amitié, chaque fois que le nom de ce maître lointain a traversé nos rendez-vous, ce fut toujours avec une affection sans faille que Luis s'est souvenu de lui. Cet homme-là, en vérité, n'est jamais sorti de son cœur.

Retour à ce soir imprévu. Il nous lave, il nous rafraîchit. Je ne le saurai que plus tard, mais le fait est qu'il nous libère. Il est, pour moi comme pour Luis, semblable à un de ces orages qui nettoient la terre et le ciel. Le soufisme est derrière nous. Nous parlons encore, parfois, de ses contes, de ses poètes. De ses rituels, jamais plus. Luis maintenant, de temps en temps, se plaît à évoquer de lointains souvenirs, à réveiller des bouts de vie qu'il croyait à jamais enfouis. Il me raconte son enfance, son amour pour sa mère, Indienne Quechua, morte au fond du jardin, dans la baraque en bois où son père, noble espagnol, la tenait à l'écart du monde. Il me dit un jour son errance, après qu'il eut fui la maison où son aimée n'était plus rien qu'un fantôme ignoré de tous. Une autre fois (un jour de pluie), deux noms inattendus éclairent la grisaille : El Chura, et Tiahuanaco.

– Imaginez, dit-il. J'ai treize ou quatorze ans. Je n'ai plus ni toit ni famille. Un de ces trains de marchandises qui s'épuisent à grimper au ciel me dépose à l'ombre d'un mur. J'arrive à Tiahuanaco. La gare ? Une vaste batisse peuplée de vieux étrons. J'en sors. Je m'affale à l'abri du vent. Des oiseaux lents me tournent autour. Devant moi, où que je regarde, l'espace sans chemins jusqu'au fond des nuages. J'attends combien de temps ? Je ne m'en souviens pas. Il me vient à l'esprit que je vais mourir là. Je suis beaucoup trop fatigué pour en faire une tragédie. Je vois alors un homme au loin. Il s'approche, il grandit, le soleil dans le dos, son fusil sur l'épaule. El Chura, mon benefactor. Il s'arrête à deux pas, m'examine un moment. Il me dit : « Tu attends quelqu'un ? » Je lui réponds : « Oui, le bon Dieu. » Il ne rit pas, hoche la tête, puis se retourne sans un mot et me fait signe de le suivre.

Je ne note jamais, devant Luis, ses paroles. Nous ne parlons qu'en amitié. La moindre feuille de papier nous éloignerait l'un de l'autre. Donc, il suit son idée, j'écoute, les yeux ronds, et peu à peu prend forme un Luis insoupçonné, tandis que lui aussi s'étonne de retrouver un presque enfant qu'il pensait ne jamais revoir. À chacune de nos rencontres, je lui demande maintenant des nouvelles de son ami, El Chura, son benefactor, le gardien des pierres sacrées de l'antique Tiahuanaco. Il ne se fait jamais prier. Il se souvient avec bonheur de « l'homme aux plumes de renard », comme il se plaît à le nommer, je n'ai jamais compris pourquoi. Bref, je vois émerger de ses rires joueurs, de son plaisir à dire, du parfum de café et de cigarillos un enseignement millénaire, précieux, secret, émerveillant comme un trésor de flibustier.

Un matin, à peine arrivé, je n'ai pas ôté mon manteau que déjà son benefactor m'attend à Tiahuanaco.

– Quand nous nous promenions ensemble, parmi les ruines, il me disait : « Maintiens ta conscience en éveil.

– D'accord, Chura, mais comment faire ?

– Comme l'on souffle sur le feu pour ne pas le laisser mourir. »

Le vieux se taisait un moment, puis disait encore à voix basse, comme si le bruit de sa voix risquait d'effaroucher des présences alentour :

« Garder sa conscience en éveil, c'est pousser les

âmes à grandir, c'est aider comme il faut les veilleurs invisibles. »

Une autre fois, sans prévenir :

– Vous ne serez jamais un sorcier véritable. Vous n'êtes pas assez rusé.

– C'est vrai, Luis, je ne sais pas l'être.

– Comme disait le vieux aux plumes de renard, « la ruse de celui qui n'en a pas du tout, c'est devinez quoi ? La patience ».

Il répète ce mot, gravement, l'œil luisant, et puis à nouveau débonnaire :

– Autant que vous pouvez, refusez le combat. Désintéressez-vous de vos démons intimes, de vos défauts, de vos misères, de vos côtés peu reluisants. Regardez-les pour ce qu'ils sont, des héritages, des fardeaux que seule votre indifférence peut utilement alléger. À batailler contre eux vous gaspillez les forces dont vous avez besoin pour mener votre vie où vous voulez qu'elle aille. Le but n'est pas d'être meilleur, souvenez-vous bien de cela. Il est de devenir vivant, de plus en plus intensément. Cela prend du temps, mon ami. Soyez patient, sensible à tout, aux nuages qui passent, aux musiques de l'air. Saisissez la moindre occasion de cultiver votre attention, sans laquelle il n'est pas de connaissance sûre. Goûtez ces chocolats, c'est un cadeau de France, elle les a achetés pour vous.

Je déguste, puis je demande :

– Qu'est-ce que l'attention ? Dites-moi. Je sens que ce mot-là désigne un outil rare.

– Se faire capteur, rien de plus, ne rien penser, ne rien vouloir, ne rien éprouver, bien ou mal, afin que l'autre, l'observé, soit vu sans que notre œil l'habille de désir ou de répulsion, voilà l'attention du sorcier, « le Voir », comme disait le vieux.

Je ne comprends que vaguement ce qu'il s'efforce de me dire, mais il y met un tel entrain qu'il fait lever en moi une envie puérile de miracle immédiat.

Un matin, porte ouverte allègrement franchie, je ne vois pas Luis. Je le cherche. Je le trouve accroupi derrière un impérial paravent japonais. Il examine son tissu, le caresse du bout du doigt, lui chantonne un air enfantin. Il est en souci amoureux.

– Il vient, me dit-il, de la chambre de l'ambassadeur du Japon. Il n'est ici que depuis hier. Il ne me connaît pas encore, il n'est pas chez lui, il a peur. Il doit s'habituer au lieu, à nos présences. Que voulez-vous, il est si vieux ! Il faut d'abord qu'il se repose. Je ne pourrai pas le soigner avant une paire de mois.

Je ris sottement. Je lui dis :

– Que voulez-vous me faire croire ? Que ce chef-d'œuvre vous entend quand vous lui chantez des berceuses ? Qu'il éprouve des sentiments ? Qu'il se sent fiévreux ? Qu'il a froid ? Allons, Luis, vous allez trop loin, je crains de vous perdre de vue.

Il se dresse soudain tout raide devant moi. Il me contemple, et de son haut :

– Vous m'avez l'air, mon pauvre ami, bien occidental, ce matin. Comment pourrai-je le guérir s'il n'est pas un être vivant ?

– Le guérir ? Non, le réparer. J'admets que c'est moins poétique, mais c'est quand même un peu plus vrai.

Il me fait signe de me taire. Il me dit, à petite voix :

– Éloignons-nous, il vous entend, et je sens que vous l'effrayez.

Il va s'occuper du café. Nous voilà seuls, muets, le paravent et moi. Je le contemple, je l'admire, mais je le sens surtout, sans que j'y puisse rien, égaré sans secours possible, comme un vieillard devant la mort, comme un enfant perdu dans une maison vide. Je me surprends à m'excuser d'avoir grossièrement parlé. Quelqu'un en moi essaie de lui rendre confiance, lui dit qu'il va bientôt guérir, qu'il est ici chez un ami. À quelques pas de moi Luis nous sert le café. Je le rejoins. Il m'examine. Il me dit simplement :

– C'est bien.

Nous restons un moment songeurs. Je lui jette un coup d'œil pointu. Je suis sûr qu'il a tout compris. Je me dis : « Il sait voir, ce diable. » Il désigne mes yeux :

– La vie du monde est là. Que votre regard reste froid, sans rien du dedans qui l'anime, et tout ce qu'il contemple demeure inanimé. Qu'en lui soit un élan, un désir, un appel, aussitôt les choses s'animent, et voilà la vie éveillée. Chacun peut, quand il veut, vérifier cela. Par exemple, tous les matins, à peine sorti de la couette, vous allez chez le boulanger acheter votre pain au lait. Vous n'allumez rien, vous boudez, ou plutôt vous dormez encore. Les nuages sont des nuages, les murs sont des murs, rien de plus, les gens des obstacles possibles. Vous les remarquez juste assez pour ne pas être bousculé. Vous appelez cela, sans discussion possible, le monde, le vrai, le réel. Très bien. Demain matin, faites l'expérience. À l'instant de poser le pied sur le trottoir, allumez en vous un feu doux, un désir d'amour, par exemple, léger, ne vous énervez pas, et vous verrez que l'air est plus vif alentour, que les murs ont aussi des portes, des fenêtres, que dans les corps qui vont et viennent il y a quelqu'un qui, pourquoi pas, pourrait être de vos parents, que les feuillages sont plus verts et que les arbres vous regardent autant que vous les regardez. Nous avons sans cesse le choix entre deux sortes de regards : celui qui donne vie aux êtres, ou celui qui ne donne rien. Vous savez cela, mon ami, le paravent vous l'a appris en un rien de temps. C'est un maître. Il est vieux de près de mille ans, et regardez comme il va mieux de vous avoir été utile.

Nous le contemplons tous les deux. En effet, il semble apaisé.

Un matin, je ne sais pourquoi, il me raconte avec une étrange tendresse (il en a les yeux embués) qu'il y a de cela bien longtemps, il s'est trouvé forcé, un jour, d'accoucher seul, dans un taudis, sur un lit de fer défoncé, une jeune sorcière énormément obèse. Son regard semble fasciné par des images revenues de je ne sais quel bout du monde, tandis que sa voix étouffée se souvient de cette Guzmana, de sa turne, de son effroi, des monstrueuses cuisses ouvertes, des hurlements, des puanteurs, du chien qui vient flairer partout, du nouveau-né gluant dont il ne sait que faire. Je l'écoute, bouleversé par l'amour nu qui se dit là, par l'innocente compassion qu'il met dans chacun de ses mots, même les plus malodorants, les plus pauvrement organiques, les plus crûment évocateurs. J'ai l'impression qu'il parle à Dieu, qu'il lui confie ce qu'Il ignore, que j'aurais pu n'être pas là, qu'il aurait tout de même dit ce qu'on doit entendre, Là-Haut. Il se tait. Nous restons pensifs. Il murmure enfin :

– La Guzmana. Je me demande bien ce qu'elle est devenue.

Je sais, moi, à l'instant, ce qu'elle va devenir. Elle va bientôt dormir dans mon « lit de papier », comme m'a dit un vieil ami à propos (bien sûr) d'une amante. Cette scène, je dois l'écrire, elle m'emplit, elle me bouleverse, elle me déborde de partout, je ne peux pas l'abandonner à l'oubli qui déjà l'attend. Comme il me raccompagne au seuil de l'atelier, je dis à Luis, tout cru, sans avoir rien prévu :

– Je veux raconter votre vie.

Il a l'air surpris. Il s'exclame. Je suis déjà dans l'escalier quand ces mots rieurs me rejoignent :

– Vous êtes un sacré pirate ! La vôtre ne vous suffit pas ?

Il est rétif. J'en suis inquiet. Je crains fort qu'il nous envoie paître, moi et mon vieux métier de fabricant d'histoires. Je ne me sens, du coup, ni rusé ni patient.

Je reviens, quelques jours plus tard, le crâne pétillant d'idées et d'inattaquables discours sur l'importance de transmettre à qui saura les préserver (moi-même, cela va de soi) les savoirs hérités de nos vieux bienfaiteurs. Je lui inflige mon sermon. Il me répond tranquillement :

– Parfait, parlons enseignement. Nous sommes d'accord, lui seul compte.

J'aurais dû prévoir cette feinte, car il fuit, son air me le dit. Il sait (nous en avons parlé) qu'à ces sortes de relations il faut ce qu'il nomme « l'épice », faute d'un mot qui dise ensemble la confiance offerte et reçue, la gourmandise des oreilles, l'amour discret, le goût de ces moments émus qui font une histoire commune. J'appelle Rûmî au secours.

– La vérité naît des amours du savoir et de la saveur. Sans récit, Luis, pas de saveur. C'est elle qui donne la vie.

Il hoche la tête, amusé.

– Pour quelqu'un qui n'est pas rusé, vous embrouillez bien les ficelles.

Croit-il m'amadouer ? Il n'en est pas question. Je veux convaincre, je m'emballe, je cherche des mots renversants, des vrais qui ne sonnent pas creux, je n'en trouve pas, je renonce. Je n'ai pas pris le bon chemin. Je laisse là mes belles phrases. À quoi bon jouer les ténors quand on est chanteur de taverne ? J'avoue mon désir. Il est simple. Je tiens le bout du fil d'une histoire étonnante, et (c'est banal pour un conteur) j'ai envie de la dire à d'autres, de voir les regards s'éclairer, de m'émouvoir avec des gens que je ne connaîtrai jamais. Je fais enfin à mon ami une promesse solennelle : je ne publierai rien sans son consentement.

Il réfléchit longtemps, massivement enfoui dans son fauteuil fané. C'est un matin d'avril, la fenêtre est ouverte, je tremblote de froid, d'inquiétude crispée. Je nous sers le café. Il dit enfin :

– D'accord.

Son index dressé droit retient l'enthousiasme qui déjà galopait dehors.

– Mais ce que j'ai appris de mon benefactor, il vous faudra l'apprendre aussi. Je dis « apprendre », mon ami, et non pas s'informer comme font les savants qui enferment la vie dans des carnets de notes. Savoir, chez nous, c'est avoir fait. Je ne veux pas d'un perroquet qui s'imagine bêtement que voir la pluie par la fenêtre suffit à se croire mouillé.

Mon cœur bondit, ma tasse aussi. Elle trébuche sur ma chemise. Je ne peux que tousser un explosif :

– Bien sûr !

J'entends à peine Luis partir allègrement en métaphore alimentaire :

– Si vous vous contentez de lire le menu, vous ne pourrez jamais me dire honnêtement le goût de la pizza calzone. L'enseignement, c'est la pizza. Il se savoure et se digère. Ma vie ? Je vais y réfléchir. Je vous raconterai ce qui voudra venir. Vous en ferez votre cuisine. Mais n'oubliez pas l'essentiel : il faudra que votre récit soit utile à qui le lira.

Je lui réponds, juré craché, qu'il peut avoir confiance en moi. Il ne m'écoute déjà plus.

– J'ai faim. Pas vous ? dit-il soudain. Et si nous allions déjeuner ?

Comment parler en peu de mots de cinq années d'apprentissage, de découvertes, de questions, de conversations éclairantes, de ruses, de rires sorciers ? Luis me raconte en beau désordre, par mille détours et retours, le livre né de ces beaux jours. Je lui remets le manuscrit. Il est, comme promis, le premier à le lire. Trois ou quatre matins plus tard vient le moment inévitable du verdict espéré autant que redouté. La porte est comme à l'ordinaire grande ouverte sur le palier. J'entre. Au premier coup d'œil, mon juge est nuageux. Ses gestes sont plus lourds, plus lents. Il fait la moue. Il dit :

– C'est bien.

J'attends, debout, le cœur suspendu dans le vide. Je risque :

– Mais ?

Il me répond :

– Les quarante dernières pages sont de trop. Il faut les couper.

Il remue, il s'anime, il s'explique, bougon :

– La valise de faux billets, les combines de vieux film noir, le mariage de carnaval avec cette je-ne-sais-quoi, tout cela n'apprend rien, n'est utile à personne. Et puis, pour qui va-t-on me prendre ? Pour un copain d'Indiana Jones ? Allons, Henri, sabrer quelques pages inutiles, ce n'est quand même pas *La Légende des siècles* à mettre en pyjama ! Vous allez me trousser l'affaire, malin comme je vous connais, le temps d'un kilomètre à pied !

Suis-je prêt au combat ? Je sens l'ogre hésitant, il craint de me blesser. J'attaque sèchement :

– D'abord, Luis, dites-moi. Ai-je inventé ?

Il grogne, façon de m'avouer que non. J'avise sa dernière toile encore sur son chevalet. Je ne l'avais pas vue finie. Je me plante droit devant elle.

– Si je vous dis : « C'est presque bien, seul ce rouge, là, dans son coin, me semble de trop, coupez-le », vous me répondrez, j'en suis sûr, que si vous faites à mon idée, votre tableau sera bancal. Il lui manquera quelque chose, vous le sentirez malheureux. Pour mon livre, c'est tout pareil. Si j'en coupe quarante pages, il restera la patte en l'air.

Argument d'artiste. Il l'admet. Il bougonne encore un moment, mais ne me chicane pas plus. Il me demande simplement d'effacer son nom de l'histoire, et les dates chronologiques qui me semblaient aller de soi.

– Si vous voulez, Luis, mais pourquoi ?

– Les mémoires demeurent à tout instant vivantes. Le passé ne sait que mourir. Je n'ai voulu parler, avec vous, que de vie.

Nous nous sommes revus sans cesse jusqu'à quelques jours de sa mort. Il m'attendait, ce matin-là, devant un grand panneau laqué qu'il caressait, les yeux mi-clos, après qu'il l'eut longtemps poncé. Nous étions tous les deux moroses, je ne me souviens pas pourquoi, mais peu à peu nous est venu, à nous raconter nos soucis, un rire de conteurs de blagues. Ce dernier rendez-vous de notre vie sur terre ne fut rien d'autre que cela : la fenêtre ouverte, un café, et nos fatigues rechignées transfigurées en drôleries. Je n'ai pas revu Luis vivant. Non, je me trompe. En vérité, nous nous voyons assez souvent. Il vient de me dire à l'instant que le mot « fin » n'a pas de sens.

12

Je suis rentré chez nous, un soir, avec *Les Sept Plumes de l'aigle.* J'en avais pris deux exemplaires, les premiers du premier paquet arrivé chez mon éditeur. L'un était pour ta mère, l'autre pour toi, mon fils. Tu avais, en ces temps, cinq ans. Dès le bout du couloir, tu m'as bondi dessus, comme tu faisais d'ordinaire. Tu m'as entraîné dans ta chambre. J'ai sorti, de mon sac, le livre nouveau-né. J'avais écrit pour toi, sur sa première page, quelques mots pour plus tard, pour quand tu serais grand. Je t'ai montré sa couverture. Elle n'a eu droit qu'à un coup d'œil, puis tout aussitôt :

– Viens jouer.

Et nous avons bâti des fermes, des châteaux, comme des dieux penchés sur les couleurs du monde.

Je t'ai toujours appelé « fils », plutôt que par ton seul prénom, façon de me dire ton père, ce qui m'émerveille en secret. Nous avions prévu, toi et moi, que je raconterais ma vie jusqu'au premier jour de la tienne. Bien ou mal, je l'ai fait. C'est à toi maintenant de jouer à construire une histoire nouvelle. Voici l'instant des derniers mots, et je n'en ai plus un qui vaille. Je ne veux rien te conseiller. Je ne veux rien dire non plus de ce que j'espère pour toi. Je ne veux pas t'embarrasser. Je ne crois certes pas en Dieu, mais Il ne s'en offusque pas, Il vient quand même, quand il faut. Garde-le sur une étagère, entre deux livres bien-aimés. Sait-on jamais comment nos vies peuvent tourner ? À toujours, mon fils, je me tais. Je te confie au temps sans fin.